Thomas Thielemann

Thomas Thielemann

BIOGEMÜSE

Rezepte für unverfälschten, puren Genuss

SEEHAMERKOCHBUCH

Inhalt

Bio-Gemüse – Lebensmittel in Spitzenqualität!

Nur Gemüse, Salate und Kräuter aus kontrolliertem ökologischem Anbau verdienen die Bezeichnung Lebens-Mittel: Sie werden ohne Pestizide kultiviert, sind garantiert nicht genmanipuliert und haben ein intensives Aroma.

Obendrein tun Sie noch etwas für die Umwelt, wenn Sie sich für Bio-Gemüse entscheiden: Langzeitstudien eines Schweizer Forschungsinstituts für biologischen Landbau haben gezeigt, dass eine ökologisch bewirtschaftete Fläche mehr Kleinlebewesen beherbergt als ein konventionell bestellter Vergleichsacker. Zudem ist der Ökoanbau weniger energieintensiv, das heißt, für den gleichen Ertrag bei der Ernte wird weniger fossile Energie benötigt.

Qualitäts-Gemüse einkaufen und richtig lagern

Ganz gleich, ob Sie auf dem Wochenmarkt, im Naturkostladen, in der Bio-Ecke des Supermarktes oder direkt beim Bauern einkaufen: Bio-Gemüse ist immer erste Wahl! Aber mindestens genau so wichtig ist es, sich ganz bewusst für saisonale Produkte zu entscheiden. Jedes Gemüse hat seine richtige Jahreszeit – und die sollten Sie beim Einkauf berücksichtigen. So können Sie sicher sein, dass das

Gemüse natürlich gereift ist und seinen typischen Geschmack hat. Wählen Sie also kritisch aus und lassen Sie sich beispielsweise nicht von weit angereistem Spargel im Dezember verführen – auch wenn das Gemüse noch so schön aussehen mag. Einen Saison-Kalender für alle in meinen Rezepten verwendeten Gemüsearten finden Sie im Anhang auf Seite 68.

Kaufen Sie vornehmlich Saison-Gemüse aus der Region! Zwar gibt es inzwischen zahlreiche Angebote an Bio-Gemüse aus ganz Europa oder fernen Ländern – besser ist es jedoch, auf Waren, die einen langen Transportweg haben, zu verzichten. Aber natürlich gibt es Ausnahmen: Tomaten aus Italien (siehe Tipp Seite 20) sind unschlagbar im Geschmack. Ein vergleichbares Aroma findet man bei einheimischen Sorten nur im Spätsommer für kurze Zeit. Ein anderes Beispiel: In meiner Küche verwende ich gern Artischocken oder wilden grünen Spargel – auch sie kommen aus Südeuropa ...

Darum empfehle ich: Machen Sie sich bei Bedarf die Bio-Gemüse-Angebote aus den europäischen Nachbarländern zunutze und wählen Sie ansonsten Salate und Gemüse aus der Fülle des einheimischen Sortiments. So haben Sie beides: Geschmacksvielfalt und die Sicherheit, Qualitätsgemüse zu genießen.

Und hier noch ein weiterer wichtiger Grund, regionalen Produkten den Vorzug zu geben: Die Ware ist in der Regel frischer. Und auf Frische sollten Sie unbedingt Wert legen: Nur knackig frisches Gemüse hat eine Top-Qualität! Bei Gemüse, das einen langen Transportweg hinter sich hat oder zu lange gelagert wurde, ist von den wertvollen Inhaltsstoffen nicht mehr viel übrig – und vom guten Geschmack leider auch nicht! Infos zu den wichtigsten Inhaltsstoffen finden Sie im Anhang auf Seite 69.

Kaufen Sie auch nie viel Gemüse auf Vorrat und verarbeiten Sie es immer so frisch und so schonend wie möglich. Dann haben Sie nicht nur einen super Geschmack, Sie werden überdies noch optimal mit Vitaminen und Mineralstoffen versorgt. Wenn Sie unterschiedliches Gemüse auf einmal einkaufen, gilt: Empfindliches Blattgemüse wie Spinat oder Mangold zuerst verarbeiten, danach die robusteren Arten wie Kohlgemüse.

Gemüse, das Sie nicht sofort verarbeiten können, sollte richtig gelagert werden, das heißt kühl und möglichst dunkel. Aber Achtung: Nicht jedes Gemüse fühlt sich im Gemüsefach des Kühlschranks wohl. Tomaten sollten Sie dort auf keinen Fall aufbewahren, denn sie verlieren bei niedrigen Temperaturen schnell ihr Aroma. Stattdessen halten sie sich gut eine Woche bei 13 bis 16 °C, ohne wichtige Inhaltsstoffe oder Aroma einzubüßen. Überlagerte Tomaten werden schrumpelig und fühlen sich matschig-weich an. Wichtig: Tomaten scheiden während der Lagerung Ethen aus, das den Stoffwechsel anderer Gemüsearten beeinflusst, so dass diese schneller verderben. Darum Tomaten immer getrennt von anderem Gemüse oder Obst aufbewahren!

Gurken vertragen ebenfalls keine Kühlschrank-Temperaturen. Ideal sind 10 bis 13 °C – dann halten sie sich einige Tage frisch. Bei niedrigeren Temperaturen werden die kälteempfindlichen Früchte jedoch schnell gelb, fleckig und faulen leicht. Auch Gurken müssen separat gelagert werden: In unmittelbarer Nachbarschaft zu Obst werden sie schnell weich.

Spargel kann, ungeschält und in Klarsichtfolie verpackt, ein paar Tage im Kühlschrank aufbewahrt werden, geschälter Spargel sollte spätestens am nächsten Tag zubereitet werden. Bis dahin am besten in ein feuchtes Tuch einwickeln und kühl lagern.

Feine Blattgemüse und Kräuter können in gut verschließbaren Kunststoff-Behältern aufbewahrt werden. Kräuter halten sich auch in Klarsichtfolie oder in ein feuchtes Tuch eingewickelt einigermaßen frisch. Salaten tut es gut, wenn sie mit dem Strunk nach oben lagern – so wird die Feuchtigkeit aus dem Strunk nach und nach an die Blätter abgegeben. Und noch ein Tipp: Unreife Avocados reifen bei Zimmertemperatur schnell nach, ebenso Auberginen.

Quer durch den Garten – Gemüse und Kräuter haben immer Saison

Grundsätzlich wird zwischen Wurzel- und Fruchtgemüse, Kohl- und Blattgemüse unterschieden. Alles, was in der Erde wächst, gehört zu den Wurzelgemüsen, also Karotten und Rüben, Rote Bete, Zwiebeln und Knoblauch, Lauch, Radieschen und Rettich, Petersilien- und Schwarzwurzeln, Pastinaken und Spargel sowie Sellerie. Wurzelgemüse hat das ganze Jahr Saison, ist im Frühjahr jedoch am feinsten. Zwiebeln und Lauch sind im Frühjahr besonders mild im Geschmack, Karotten und Rote Bete besonders zart. Später im Jahr gibt es dann Pastinaken, Petersilien- und Schwarzwurzeln sowie Steckrüben. Ein besonders typisches Frühjahrsgemüse

ist natürlich Spargel! Weißer Spargel wird gestochen, so lange er unter der Erde wächst, der grüne hat schon Sonnenlicht gesehen und wird geschnitten. Beide Sorten kommen aus heimischem Anbau. Ich schätze außerdem den wilden grünen Spargel, der aus Sizilien oder Sardinien zu uns kommt: Er hat hauchdünne Stiele und ist bereits nach wenigen Minuten Kochzeit butterzart. Noch ein Tipp: Kaufen Sie weißen Spargel der Klasse II. Er ist von gleicher Qualität wie der dickere aus der Klasse I, aber etwas billiger und hat überdies den Vorteil, dass er schneller gar ist.

Auberginen, Avocado, Bohnen und Erbsen, Kürbis, Paprika, Gurken, Zucchini und Tomaten wachsen über der Erde und gehören zur Familie der Fruchtgemüse. Diese Arten sind typische Sommergemüse, die zwischen Juli und September ihre Hauptsaison haben – mit Ausnahme von Avocados, die ganzjährig im Angebot sind und vorwiegend aus Israel, Südafrika und Spanien importiert werden. Kürbisse bilden ebenfalls eine Ausnahme: Sie haben im Herbst Saison. Es gibt unterschiedliche Sorten, ich bevorzuge die kleineren, leuchtend orangefarbigen Hokkaidokürbisse (siehe Tipp Seite 34).

Bei Bohnen kann man zwischen grünen Stangen- und Buschbohnen und den gelben Wachsbohnen wählen. Letztere haben einen besonders buttrigen Geschmack (siehe Tipp Seite 24), die robusteren Stangenbohnen schmecken nur dann wirklich gut, wenn sie weich gekocht sind.

Frische Erbsenschoten sollten beim Einkauf tadellos grün und ohne Flecken sein, die Erbsen müssen prall in den Schoten sitzen. Bei Paprikaschoten haben Sie die Wahl zwischen grünen, gelben und roten Schoten. Gelbe und rote Paprika

sind weiter ausgereift, haben daher ein intensiveres Aroma und sind süßer als grüne Schoten. Beim Einkauf von Tomaten sollten Sie darauf achten, dass die Früchte makellos und unbeschädigt, tiefrot und prall sind. Das gilt sowohl für Strauch- und Flaschentomaten als auch für die größeren Fleischtomaten. Wählen Sie vollreife Tomaten aus, nur sie haben ein wirklich gutes Aroma!

Zur Familie der Kohlgemüse gehören alle Kohlarten von Weißkohl über Wirsing, Rot- und Grünkohl, Rosenkohl, Spitz- und Chinakohl aber auch Kohlrabi, Brokkoli und Blumenkohl. Kohlgemüse gibt es das ganze Jahr, aber in unterschiedlichen Qualitäten: Im Frühjahr ist es zart und leicht, im Herbst und Winter hingegen gröber und kräftig im Geschmack. Ich bevorzuge das zartere Frühlingsgemüse, besonders Kohlrabi. Ob grün oder lilafarben, sie sind besonders lecker, wenn sie noch eine ganz dünne Schale haben, ältere Kohlrabi können leicht holzig sein. Auch bei jungem Blumenkohl und Rosenkohl ist der Geschmack feiner als bei ausgereiften Exemplaren. Grünkohl hingegen schmeckt am besten, wenn er etwas Frost abbekommen hat, er ist also ein reines Wintergemüse.

Bei Blattgemüse reicht die Palette von Artischocken über Mangold und Spinat, Chicorée, Radicchio, Bärlauch und Portulak bis hin zu allen Blattsalaten. Artischocken gibt es das ganze Jahr, sie werden von Oktober bis Juli aus Italien oder Spanien und von April bis Dezember aus Frankreich importiert. Achten Sie bei Blattgemüse darauf, dass Stiele und Blätter knackig sind und frisch aussehen. Welkes Gemüse sollten Sie auf keinen Fall kaufen! Auch faulige Stellen sind ein Hinweis auf mangelnde Frische, also Hände weg!

Kräuter im Topf oder als Bund gibt es das ganze Jahr, sie verleihen den Speisen eine gewisse Frische und runden ihren Geschmack ab. Meine Favoriten bei den heimischen Arten sind Dill, Minze, Schnittlauch und Petersilie. Ich verwende grundsätzlich die kleinwüchsige Sorte mit glatten Blättern, sie hat einen intensiveren Geschmack. Mit frischen heimischen Kräutern werden die Speisen immer erst am Schluss, kurz vor dem Servieren, aromatisiert. Das gilt auch für die Verwendung von Basilikum.

Mediterrane Kräuter hingegen eignen sich zum Mitkochen. Besonders gern verwende ich frischen Lorbeer, aber auch Rosmarin, Thymian, Majoran und Salbei runden viele meiner Rezepte ab. Aber Achtung: Verwenden Sie mediterrane Kräuter gut dosiert, sie sind sehr intensiv.

Auch bei Kräutern gilt: so frisch wie möglich verarbeiten und erst kurz vor der Verwendung zupfen oder schneiden. Kräuter sollten übrigens grundsätzlich unter fließendem kaltem Wasser gewaschen und anschließend getrocknet werden, das geht am besten in einer Salatschleuder. Ausnahme: Dill, ihn sollte man wegen seiner feinen Struktur nur von Hand trockenschütteln.

Gedünstet, gedämpft, gekocht, gebraten – oder lieber roh?

Gemüse ist vielseitig verwendbar und kann auf unterschiedlichste Weise gegart werden. Die meisten Arten eignen sich für alle Formen der Zubereitung, einige lassen sich füllen (siehe Seite 48), anderes Gemüse wiederum eignet sich als Füllung für Nudeln (siehe Seite 56), Fisch oder Fleisch.

Gemüse schmeckt püriert, gegrillt, frittiert oder eingelegt (siehe Seite 46) – der Kreativität sind keine Grenzen gesetzt!

Die meisten Arten aus der Familie der Wurzelgemüse schmecken auch roh sehr lecker, denken Sie an junge Karotten, Rote Bete oder Rettich und Radieschen. Aber auch Artischocken und Spargel können, dünn aufgeschnitten und mariniert, roh verzehrt werden. Fruchtgemüse wie Paprika, Tomaten und Gurken überzeugen sowohl roh als auch gegart, Kohlgemüse sollte in der Regel gegart werden, da es roh etwas schwer verdaulich ist. Beim Blattgemüse eignet sich junger Spinat und natürlich alle Salate zum Rohverzehr, einige Salatsorten sind allerdings auch geschmort sehr lecker (siehe Seite 16)!

Zum Braten eignen sich Blattgemüse, wie etwa Chicorée, Romana oder Radicchio, aber auch junges Weißkraut, besonders gut. Das geht schnell und schmeckt: Die Blätter in etwas Olivenöl mit ein paar Kräutern in der Pfanne hellbraun anbraten, salzen, pfeffern – fertig!

Zum Dünsten und Dämpfen eignet sich junges Blattgemüse ebenfalls bestens. Zum Dünsten das gut abgetropfte Gemüse mit ein paar Zwiebelwürfeln kurz in Butter anschwitzen, etwas Gemüsefond angießen und alles zugedeckt im eigenen Saft garen. Bei dieser Methode behält das Gemüse weitgehend seine Farbe.

Beim schonenden Dämpfen bleiben Farbe und Geschmack besonders gut erhalten, nur grünes Gemüse kann ein wenig Farbe verlieren. Zum Dämpfen benötigen Sie einen gut schließenden Topf mit Dämpfeinsatz, das Gemüse wird bei mittlerer Hitze im Wasserdampf gegart.

Schmorgemüse nimmt bei der Zubereitung zumeist eine dunklere Farbe an. Besonders geeignet zum Schmoren sind Mangold oder Romana, Gurken, Fenchel oder Staudensellerie. Wurzelgemüse gehört beim Schmoren unbedingt dazu, aber verwenden Sie keinen Lauch, sondern lieber Petersilienwurzeln, Karotten und Zwiebeln. Mein besonderer Tipp: Schmorgemüse wird besonders lecker, wenn es im Backofen fertig gegart wird.

Noch ein Wort zur Vorbereitung von Gemüse: Damit junges Blattgemüse und zarter Salat nicht auslaugen, sollte beides nur kurz gewaschen werden, nie im Wasser liegen lassen (!) und anschließend in der Salatschleuder trockenschleudern. Gemüse, das geschält wird, braucht in der Regel nicht gewaschen zu werden, es sei denn, es ist sehr sandig, dann aber vor dem Schälen waschen.

In diesem Buch finden Sie eine Auswahl meiner Lieblingsrezepte für Gemüsegerichte und Beilagen sowie zahlreiche Anregungen für die unterschiedlichsten Zubereitungsmöglichkeiten. Ganz egal, ob Sie sich rein vegetarisch ernähren möchten oder Gemüse eher als Ergänzung zu Fisch- oder Fleischgerichten betrachten: Wenn Sie beim Einkauf auf Frische, Qualität und Bio-Ware achten, werden Sie mit gutem Geschmack und gesundem Genuss belohnt. Noch eine Anmerkung zu den angegebenen Garzeiten und Backofentemperaturen: Da nicht jeder Backofen gleich ist, kann es zu geringfügigen Abweichungen kommen.

Thomas Thielemann

Meine Rezepte

Spinat-Ziegenkäse-Nocken

Rezept zum Foto auf dem Titel

Für die Nocken:
200 g Blattspinat
Salz
40 g Butter
1 Ei
1 Eigelb
200 g Ziegenfrischkäse
oder Quark
50 g Mehl
60 g Semmelbrösel
frisch gemahlener Pfeffer
frisch geriebene Muskatnuss

Außerdem:
2 Tomaten
100 g Butter
Salz
80 g Pecorino oder
Parmesan am Stück

1 Den Spinat waschen, verlesen, von den Stielen befreien und in Salzwasser blanchieren. Anschließend gut abtropfen lassen, ausdrücken und die Blätter am besten in einem Küchentuch sorgfältig trocknen. Den Spinat mit einem großen Messer sehr fein hacken.

2 Für die Nocken die Butter, Ei und Eigelb mit dem Handrührgerät schaumig rühren. Den Ziegenfrischkäse durch ein feines Sieb streichen und mit dem Schneebesen unter die Eimasse heben. Den gehackten Spinat, das Mehl sowie die Semmelbrösel mit einem Holzlöffel untermischen. Alles mit Salz, Pfeffer und Muskat abschmecken und den Teig etwa 1 Stunde zugedeckt quellen lassen.

3 Inzwischen die Tomaten kurz heiß überbrühen, häuten, vierteln und entkernen. Das Fruchtfleisch in etwa 1 cm breite Spalten schneiden.

4 Jeweils einen Esslöffel Teig abstechen, mit den Handflächen zu gleichmäßigen, ovalen Nocken formen und diese bis zur Verwendung auf ein Stück Pergamentpapier setzen. In einem großen flachen Topf ausreichend Salzwasser zum Kochen bringen, die Nocken hineingeben und etwa 15 Minuten bei schwacher Hitze ziehen lassen, dabei hin und wieder leicht am Topf rütteln, damit sich die Nocken während des Garens drehen. Inzwischen die Butter in einem kleinen Topf hell bräunen, leicht salzen und warm halten.

5 Die Nocken aus dem Wasser nehmen, auf Küchenpapier kurz abtropfen lassen und in vorgewärmten tiefen Tellern anrichten. Die Tomatenspalten in der heißen Butter schwenken und beides über den Nocken verteilen. Den Pecorino oder Parmesan darüber hobeln.

Tipp Die Butter langsam erhitzen und dabei mit einem Saucenbesen permanent rühren, bis sich die Eiweißbestandteile langsam am Boden absetzen und bräunen. So bekommt die Butter einen wunderbar nussigen Geschmack.

Sauté von Grünkohl mit Maronen

1 Den Sellerie schälen und in etwa 1 cm große Würfel schneiden. In einem kleinen Topf den Zucker hellbraun karamellisieren, mit der Fleischbrühe ablöschen und die Maronen, die Selleriewürfel sowie das Lorbeerblatt zugeben. Alles leicht salzen und zugedeckt bei schwacher Hitze in etwa 45 Minuten weich garen, der Schmorfond sollte sich gegen Ende der Garzeit mit den Maronen verbinden.

2 Inzwischen die Grünkohlblätter von den Stielen streifen und waschen, anschließend in kochendem Salzwasser 10 Minuten blanchieren, abgießen und in kaltem Wasser abschrecken. Die Grünkohlblätter auf Küchenpapier abtropfen lassen und mit den Händen in mundgerechte Stücke zupfen.

3 Die Schalotte schälen und in feine Würfel schneiden. In einer Kasserolle das Enten- oder Schweineschmalz zerlassen, die Schalottenwürfel darin hell anschwitzen, den Grünkohl zufügen und alles gut durchmischen. Mit Salz, Pfeffer und Muskat würzen und den Grünkohl zugedeckt bei schwacher Hitze etwa 10 Minuten dünsten. Anschließend die Maronen mit 2 bis 3 EL des karamellisierten Fonds sowie die Butter zugeben und alles noch weitere 5 Minuten köcheln lassen.

⅛ Knolle Sellerie
3 EL Zucker
100 ml Fleischbrühe
150 g geschälte Maronen
(siehe Tipp)
1 frisches Lorbeerblatt
Salz
1 kg Grünkohl
1 Schalotte
50 g Enten- oder
Schweineschmalz
frisch gemahlener Pfeffer
frisch geriebene Muskatnuss
1 EL Butter

Tipp Zum Schälen die Maronen an der flachen Seite mit einer scharfen Messerspitze kreuzweise einritzen, dann in einer Bratpfanne bei 200 °C im vorgeheizten Ofen 8 bis 10 Minuten rösten, bis sie aufspringen. Die Maronen aus dem Ofen nehmen, etwas abkühlen lassen und noch heiß schälen.

Der Grünkohl passt hervorragend zu Wild- oder Schmorgerichten mit kräftiger Sauce.

Die Maronen können auch einfach so, als eigenständige Beilage, serviert werden.

Karotten-Joghurt-Salat

600 g Karotten
3 EL Rapsöl
Salz
frisch gemahlener Pfeffer
Saft und abgeriebene Schale von
1 unbehandelten Zitrone
3 EL Akazienhonig
150 g Joghurt

1 Die Karotten waschen, schälen und auf einer groben Küchenreibe raspeln. In einer Pfanne das Rapsöl erhitzen und die Karottenraspel darin 2 bis 3 Minuten bei mittlerer Hitze unter ständigem Rühren dünsten.
2 Das Gemüse mit Salz und Pfeffer würzen. Zitronensaft und abgeriebene Zitronenschale untermischen. Den Honig unter den Joghurt rühren und diesen anschließend unter den Salat mischen.

Tipp Als Rohkostsalat sehr gut mit gebratenen Innereien wie Kalbsleber oder Kalbsbries.

Gedünsteter Romana-Salat

2 reife Tomaten
2 mittlere Köpfe Romana-Salat
120 ml Olivenöl
Salz
frisch gemahlener Pfeffer
½ TL Zucker
50 ml Gemüsebrühe
Saft von ½ Zitrone

1 Die Tomaten kurz überbrühen, häuten, halbieren und beiseite stellen. Die Salatköpfe von den äußeren Blätter befreien, längs halbieren, den Strunk dabei nicht entfernen. Die Salathälften waschen und gut abtropfen lassen.
2 In einer Pfanne oder einem Bräter 100 ml Olivenöl leicht erhitzen. Die Romana-Hälften mit der Schnittfläche nach unten hineinlegen, salzen, pfeffern und mit etwas Zucker bestreuen. Einen Deckel auflegen und das Gemüse bei milder Hitze etwa 5 Minuten dünsten. Die Tomatenhälften zufügen und alles zusammen noch weitere 5 Minuten dünsten.
3 Das Gemüse aus der Pfanne nehmen, auf Tellern anrichten und warm halten. Die Brühe sowie das restliche Olivenöl zum Schmorfond in die Pfanne geben und alles langsam sämig einkochen lassen. Den Fond über dem Gemüse verteilen und die Romana-Hälften mit etwas Zitronensaft beträufeln.

Tipp Dieses Gemüse können Sie beliebig mit heimischen oder mediterranen Kräutern abrunden. Auch sehr lecker: Mit etwas frisch darüber gehobeltem Pecorino servieren, mit Polenta ist der Romana ein eigenständiges vegetarisches Gericht.
    Als Beilage außerdem gut zu kross gebratenem Parma- oder San Daniele-Schinken oder zu Schweinekotelett natur gebraten.

Confit von Teltower Rübchen

400 g kleine Teltower Rübchen
3 Stängel Zitronenthymian
100 ml Olivenöl
1 EL Zucker
Fleur de Sel
frisch gemahlener Pfeffer

1 Die Rübchen waschen. Wenn sie dünnschalig sind, ungeschält verwenden, sonst schälen. Die Rübchen mit einem Hobel oder der Aufschnittmaschine in etwa 2 mm dünne Scheiben schneiden. Die Thymianblättchen von den Stängeln abstreifen.

2 In einer großen Pfanne einen Teil des Olivenöls erhitzen und gerade so viele Rübenscheiben einlegen, das der Boden bedeckt ist – sie sollen beim Braten nicht übereinander liegen. Etwas Zucker und Thymian darüber streuen und braten, bis die Scheiben am Rand hellbraun angeröstet sind. Aus der Pfanne nehmen, auf Küchenpapier kurz abtropfen lassen, die Rübenscheiben zum Warmhalten auf eine Platte legen und mit Fleur de Sel würzen. Die restlichen Rüben portionsweise braten und salzen.

3 Zum Servieren die gebratenen Teltower Rübchen häufchenweise auf Tellern anrichten und mit etwas frisch gemahlenem Pfeffer bestreuen.

Tipp Passt hervorragend zu Gerichten aus hellem Fleisch, etwa Kalb, Geflügel oder Kaninchen.

Wirsingpüree

1 mittelgroßer Wirsing, etwa 1 kg
Salz
1 TL Kaiser-Natron oder Backpulver
1 Zwiebel
2 EL Butter
20 g Mehl
frisch gemahlener Pfeffer
frisch geriebene Muskatnuss

1 Den Wirsing vierteln, jeweils den Strunk entfernen und den Kohl waschen. Die äußeren dunkelgrünen Blätter dranlassen.

2 In einem Topf ausreichend Wasser zum Kochen bringen, salzen, das Natron zufügen und die Wirsingblätter darin weich kochen, das dauert 10 bis 15 Minuten. Die Kohlblätter mit einer Schaumkelle aus dem Topf nehmen (das Kochwasser aufbewahren), kalt abschrecken und die Viertel mit den Händen gut ausdrücken. Anschließend den Wirsing durch eine „Flotte Lotte" oder durch die grobe Scheibe des Fleischwolfs drehen.

3 Die Zwiebel schälen und fein würfeln. In einem kleinen Topf die Butter erhitzen, die Zwiebelwürfel darin glasig dünsten, das Mehl zufügen, mit dem

Schneebesen glatt rühren und alles leicht abkühlen lassen. Vom Wirsing-kochsud 1/2 l abmessen und unter das Mehl rühren. Die Sauce bei schwacher Hitze 20 Minuten köcheln lassen, dann mit Salz, Pfeffer und Muskat kräftig würzen. Den durchgedrehten Wirsing zufügen und alles zusammen noch-mals kräftig durchköcheln. Das Püree vor dem Servieren noch einmal ab-schmecken, der Wirsing verträgt gut Pfeffer.

Tipp Wirsingpüree ist eine ideale Beilage zu gekochtem Fleisch.
   Helle Saucen sollten immer 20 Minuten kochen, damit kein Mehlge-schmack bleibt.

Salat von jungem Sellerie und Frühlingskarotten

1 Den Sellerie schälen und in 1/2 cm dicke Scheiben schneiden. Die Karotten schälen und schräg in ebenso dicke Scheiben schneiden. In einem Topf 1/2 l Wasser mit dem Rapsöl und dem Essig aufkochen. Zucker, Salz, Lorbeerblätter sowie das vorbereitete Gemüse zufügen und alles zusammen bei mittlerer Hitze 10 bis 12 Minuten zugedeckt köcheln. Dann beiseite stellen, den Lor-beer wieder entfernen und das Gemüse abkühlen lassen.
2 Das Gemüse mit Pfeffer und bei Bedarf ein wenig Salz abschmecken und mindestens 1 Stunde bei Raumtemperatur durchziehen lassen. Inzwischen die Schalotte schälen und fein würfeln, die Petersilienblättchen von den Stängeln zupfen und fein schneiden. Kurz vor dem Servieren die Schalotten-würfel und die Petersilie unter das Gemüse mischen.

3 kleine, junge Sellerie-knollen (siehe Tipp)
3 junge, zarte Frühlings-karotten
80 ml Rapsöl
80 ml Apfelessig
2 EL Zucker
Salz
2 frische Lorbeerblätter
frisch gemahlener Pfeffer
1 Schalotte
1 Bund glatte Petersilie

Tipp Die kleinen jungen Sellerieknollen kommen im April auf den Markt.
   Diese Art der Salat-Zubereitung eignet sich auch für andere Gemüsesor-ten, beispielsweise Blumenkohl, Spargel, Fenchel etc.
   Der Salat schmeckt am besten, wenn er bei Raumtemperatur serviert wird. Er ist auch eine leckere Beilage zu gekochtem Fleisch.

Ofen-Tomaten
mit altem Herrmannsdorfer Käse

8 reife Roma-Tomaten
(siehe Tipp)
3 Knoblauchzehen
½ l Olivenöl
1 frisches Lorbeerblatt
1 Chilischote
1 Zweig Thymian
1 Zweig Rosmarin
Fleur de Sel
1 Stück alter Herrmannsdorfer
Käse, alternativ Parmesan

1 Die Tomaten waschen und die Stielansätze entfernen. Die Knoblauchzehen ungeschält mit dem Handballen oder einem breiten Kochmesser leicht andrücken.

2 In einem Topf das Olivenöl mit Lorbeer, Chili, Thymian und Rosmarin aufkochen, vom Herd nehmen und kurz abkühlen lassen, dann die Tomaten einlegen und mit Fleur de Sel würzen. Die Tomaten bei etwa 160 °C im vorgeheizten Backofen 1 Stunde offen in dem Würzöl garen. Das Öl sollte dabei eine Temperatur von 80 °C nicht überschreiten.

3 Anschließend die Tomaten mit einer Schaumkelle herausnehmen, etwas abkühlen lassen, die Haut abziehen und die geschälten Tomaten in eine Schüssel legen. Etwas Würzöl aus dem Topf nehmen und die Tomaten damit übergießen. Vorsichtig das restliche Öl abschöpfen und beiseite stellen. Den am Topfboden verbleibenden Tomatensaft in ein hohes Gefäß gießen, dieselbe Menge Würzöl zufügen und mit dem Pürierstab aufmixen.

4 Die Tomaten halbieren, auf einer Platte anrichten, mit dem Tomatensaft-Öl-Mix überziehen und mit frisch darüber gehobeltem Käse servieren.

Tipp Roma-Tomaten (klassische italienische Eiertomaten) eignen sich besonders gut zum Kochen, weil sie im vollreifen Zustand ein festes Fruchtfleisch, wenig Kerne und ein fruchtiges Aroma haben. Alternativ empfehle ich vollreife runde Tomaten aus Süditalien oder Frankreich, im September auch die guten deutschen Tomaten.

Ofentomaten passen hervorragend zu geschmortem oder kurz gebratenem Lammfleisch. Ebenfalls sehr fein zu gebratenem Gemüse, beispielsweise Fenchel, Auberginen oder Zucchini.

Zusammen mit dem gedünsteten Romana-Salat (siehe Seite 16) sind sie ein eigenständiges vegetarisches Gericht.

Zweierlei gedünstete Rüben

300 g mittelgroße
weiße Rüben
300 g mittelgroße Karotten
2 Schalotten
2 EL Butter
Salz
frisch gemahlener Pfeffer
1 TL Zucker
1 frisches Lorbeerblatt
1 Bund glatte Petersilie

1 Die Rüben und Karotten schälen. Die Karotten erst längs, dann quer halbieren. Die weißen Rüben in ähnlich große Stücke schneiden. Die Schalotten schälen und fein würfeln.

2 In einem flachen Topf die Butter erhitzen und die Schalottenwürfel darin glasig andünsten. Das Gemüse zufügen, mit Salz, Pfeffer und Zucker würzen, das Lorbeerblatt zugeben und 200 ml Wasser angießen. Einen Deckel auflegen und alles 10 bis 12 Minuten dünsten. Das Gemüse soll am Schluss noch einen leichten „Biss" haben. Falls nötig, während der Garzeit noch etwas Wasser zufügen. Inzwischen die Petersilie waschen, die Blättchen von den Stängeln zupfen und fein schneiden.

3 Zum Schluss den Deckel abnehmen und den Sud etwas einkochen lassen, so dass er das Gemüse sämig umschließt. Die zweierlei Rüben mit Petersilie bestreut servieren.

Tipp Passt gut zu Fleischpflanzerl, geschmorter Rinderroulade oder auch zu paniertem Geflügel und Fleisch.

Die weißen Rüben können auch durch gelbe Rüben (Karotten mit hellgelber Farbe) ersetzt werden.

Eine schöne Variante: Statt der Butter 3 EL Olivenöl verwenden und beim Dünsten noch 2 EL Apfelessig zufügen. Nach dem Garen das Gemüse dann etwa 1 Stunde im eigenen Sud durchziehen lassen – und fertig ist ein köstlicher Salat. Unbedingt bei Raumtemperatur servieren, nicht in den Kühlschrank stellen!

Warmer Lauchsalat mit Zitrone

1 Den Lauch von den äußeren Hüllblättern befreien, längs halbieren und gründlich waschen. Die Hälften in etwa 5 cm lange Stücke und diese wiederum in 1 ½ cm breite Streifen schneiden. Die Zitrone heiß abwaschen, abtrocknen und mit einem Zestenreißer feine Streifen von der Schale abziehen. Anschließend die Zitrone auspressen und den Saft beiseite stellen. Den Dill waschen, gut abtropfen lassen, die Spitzen von den Stängeln zupfen und fein schneiden.

2 Die Lauchstreifen in kochendem Salzwasser garen, bis sie weich sind, das dauert 4 bis 5 Minuten. Abgießen, auf Küchenpapier kurz abtropfen lassen (nicht abschrecken!) und den Lauch in einer Schüssel mit Olivenöl übergießen, dann mit Fleur de Sel und frisch gemahlenem Pfeffer würzen. Den Zitronensaft darüber träufeln, die Zitronenzesten darüber verteilen und alles kurz durchmischen. Den Lauchsalat vor dem Servieren mit geschnittenem Dill bestreuen.

2 Stangen Lauch

1 unbehandelte Zitrone

1 Bund Dill

Salz

50 ml Olivenöl

Fleur de Sel

frisch gemahlener Pfeffer

Tipp Wer keinen Zestenreißer hat, schält die Zitronenschale sehr dünn ab und schneidet die Schale anschließend mit einem Messer in feinste Streifen.

Dieser Salat schmeckt besonders gut zu gebratenen Garnelen und gegrilltem Fleisch.

Variante: Einen Teller mit hauchdünn (etwa 3 mm dick) geschnittenem rohem Saiblingsfilet dicht an dicht auslegen und den marinierten Salat flach darüber verteilen. Vor dem Servieren alles 5 Minuten durchziehen lassen. Statt Saibling eignet sich auch Renke oder Forelle, Saibling ziehe ich allerdings wegen des schöneren Farbspiels vor – die Fische müssen jedoch topfrisch sein.

Pfannengemüse von Bohnen und Zwiebeln

500 g grüne oder gelbe Bohnen
2 rote Zwiebeln
1 Bund Bohnenkraut
1 Bund glatte Petersilie
4 Dörrpflaumen, entsteint
Salz · 2 EL Olivenöl
1 EL Zucker
frisch gemahlener Pfeffer
1 EL Butter
abgeriebene Schale von
1 unbehandelten Zitrone

1 Die Bohnen waschen und vom Stiel her die Fäden abziehen. Die Zwiebeln schälen, halbieren und in feine Streifen schneiden. Bohnenkraut und Petersilie waschen, abtropfen lassen. Vom Bohnenkraut 3 Stängel beiseite legen, vom Rest die Blättchen abzupfen und fein schneiden. Petersilienblättchen von den Stängeln zupfen und hacken. Die Dörrpflaumen fein würfeln.
2 Die Bohnen mit den Bohnenkrautstängeln in Salzwasser in 6 bis 7 Minuten bissfest garen. Abgießen und mit kaltem Wasser abschrecken, das Bohnenkraut entfernen und die Bohnen gut abtropfen lassen, anschließend entlang der Nahtstelle der Länge nach halbieren.
3 In einer Pfanne das Olivenöl erhitzen. Zucker zufügen und leicht karamellisieren lassen. Die Zwiebelstreifen zugeben, bei hoher Temperatur hell anrösten. Die Bohnen zufügen, kurz mitbraten und mit Salz und Pfeffer würzen, dann das geschnittene Bohnenkraut, die Petersilie sowie die Butter unterrühren. Zum Schluss die abgeriebene Zitronenschale und die Dörrpflaumenwürfel darüber geben.

Tipp Gelbe Bohnen sind zarter! Ihr feiner, buttriger Geschmack ist unverwechselbar.

Sellerie mit Portwein gedünstet

1 kleiner Knollensellerie
½ Schalotte · 1 Bund Schnittlauch
2 EL Butter
Salz · frisch gemahlener Pfeffer
2 cl roter Portwein

1 Den Sellerie waschen, schälen und mit einem Küchenhobel oder mit der Aufschnittmaschine in 2 mm dünne Scheiben schneiden. Schalotte schälen und fein würfeln. Den Schnittlauch waschen und in feine Röllchen schneiden.
2 In einer großen Edelstahlpfanne die Butter zerlassen und die Schalottenwürfel darin glasig andünsten. Die Selleriescheiben darauf legen, 50 ml Wasser angießen, alles salzen, pfeffern und zugedeckt in 3 bis 4 Minuten gar dünsten. Den Deckel abnehmen, den Portwein zufügen und den Schmorfond reduzieren, bis er die Selleriescheiben sämig umschließt. Die Schnittlauchröllchen untermischen und das Gemüse servieren.

Tipp Eine leckere Beilage zu Innereien aller Art. Auch gut als Vorspeise mit roh mariniertem Fisch, dann allerdings den Portwein weglassen.

Gebratener weißer Spargel mit Egerlingen

1,2 kg weißer Spargel,
Kl. II (bis 12 mm dick)
250 g Egerlinge
1 Schalotte
1 Tomate (Roma-
oder Fleischtomate)
1 Bund Schnittlauch
50 ml Olivenöl
½ TL Zucker
Salz
frisch gemahlener Pfeffer

1 Den Spargel schälen und die holzigen Enden abschneiden. Die geschälten Stangen dritteln. Die Egerlinge mit einem Tuch abreiben, die Stiele entfernen und die Pilze vierteln. Die Schalotte schälen und fein würfeln.

2 Die Tomate mit kochendem Wasser kurz überbrühen, in kaltem Wasser abschrecken, häuten und den Stielansatz entfernen. Die Tomate vierteln, die Kerne entfernen und die Viertel anschließend noch einmal längs halbieren. Den Schnittlauch waschen, trocknen und in feine Röllchen schneiden.

3 In einer Pfanne das Olivenöl erhitzen und die rohen Spargelstücke bei hoher Temperatur anbraten. Mit Zucker bestreuen und weiter braten, bis der Spargel leicht Farbe angenommen hat. Nach etwa 1 Minute die Egerlinge und die Schalottenwürfel zufügen, mit Salz und Pfeffer würzen und alles zusammen noch etwa 5 Minuten garen, der Spargel soll noch einen leichten „Biss" haben. Zum Schluss die Tomatenspalten und den Schnittlauch unterschwenken und den gebratenen Spargel servieren.

Tipp Zum Braten keinesfalls eine Eisenpfanne verwenden, da der Spargel sonst oxydiert.

Mit mehligen Salzkartoffeln oder aber mit Bratkartoffeln ein wunderbares vegetarisches Gericht.

Schmeckt auch sehr lecker mit dünnen Scheiben von luftgetrocknetem Schinken.

Artischocken-Carpaccio

1 Die Artischocken vorbereiten: Dazu Stiele abbrechen (siehe Tipp) oder mit einem Messer abschneiden. Die erste Blattreihe über dem Boden abzupfen, anschließend die Artischocken von unten mit einem scharfen Messer kreisförmig zur Spitze hin abschälen, so dass nur der Boden mit den zartgrünen Blattansätzen übrig bleibt. Die Artischocken auf die Seite legen und die überstehenden Blattspitzen etwa 4 cm über dem Boden quer abschneiden. Die inneren Blättchen etwas auseinander drücken und eventuell vorhandenes Heu mit einem Kaffeelöffel vom Boden kratzen. Die Artischockenherzen halbieren und quer in 2 mm dünne Scheiben schneiden.

2 In einer großen Pfanne das Olivenöl erhitzen, die Artischocken mit dem Thymian und der ungeschälten, leicht angedrückten Knoblauchzehe zufügen und bei hoher Temperatur ringsum kurz anrösten. Sobald die Artischocken eine schöne Farbe angenommen haben, sind sie gar. Mit Salz und Pfeffer würzen, Knoblauch und Thymian entfernen, die Rosmarinnadeln unterheben und alles mit Zitronensaft beträufeln.

3 Die Artischocken flach auf Tellern anrichten, mit dem Bratöl aus der Pfanne beträufeln, gleichmäßig mit Parmesan bestreuen und unter dem vorgeheizten Backofengrill hellbraun gratinieren.

6 mittelgroße italienische Artischocken
50 ml Olivenöl
3 Zweige Thymian
1 Knoblauchzehe
Salz
frisch gemahlener Pfeffer
½ TL abgezupfte frische Rosmarinnadeln
Saft von ½ Zitrone
80 g frisch geriebener Parmesan

Tipp Bei sehr frischen, knackigen Artischocken lässt sich der Stiel gut abbrechen: Die Artischocke so an die Tischkante legen, dass der Stiel übersteht. Mit einem leichten Schlag den Stiel bis zur Hälfte brechen, die Artischocke wenden und den Stiel von der anderen Seite her vollständig abbrechen. Auf diese Weise werden die harten Fasern vom äußeren Boden gleich mit entfernt. Italienische Artischocken haben übrigens – wenn überhaupt – nur wenig Heu, sind also leichter zu verarbeiten.

Geschnittene Artischocken sofort verarbeiten, da sie sonst oxydieren und dunkel anlaufen. Aus dem gleichen Grund Artischocken auch nur in einer Edelstahl- oder einer beschichteten Pfanne braten.

Als eigenständiges vegetarisches Gericht lecker mit knusprig gerösteten Kartoffelscheiben. Aber auch als Beilage zu roh mariniertem Fisch oder Fleisch hervorragend geeignet.

Zerdrückte Kartoffeln mit Tomaten

600 g mehlig kochende Kartoffeln
Salz
6 Roma-Tomaten (siehe Tipp Seite 20)
1 Bund Basilikum
2 TL kleine Kapern (aus dem Glas, in Essig eingelegt)
4 Sardellenfilets (aus dem Glas)
80 ml Olivenöl
Saft von 1 Zitrone
Fleur de Sel
frisch gemahlener Pfeffer

1 Die Kartoffeln schälen, in größere, gleichmäßige Stücke schneiden und in Salzwasser weich kochen.

2 Inzwischen die Tomaten waschen, halbieren, die Stielansätze entfernen und die Hälften grob würfeln. Basilikum waschen, die Blätter von den Stängeln streifen und grob zerzupfen.

3 Die gegarten Kartoffeln abgießen, im Topf etwas ausdampfen lassen, dann mit einem Holzlöffel bröselig zerdrücken. Anschließend die Kartoffeln flach auf vorgewärmten Tellern anrichten, die Tomatenwürfel darüber verteilen, alles mit den Kapern bestreuen und jeweils ein Sardellenfilet auflegen. Das Ganze mit Olivenöl und Zitronensaft beträufeln, mit Fleur de Sel und Pfeffer würzen und mit Basilikum garniert servieren.

Tipp Nichts dazu servieren – das Gericht schmeckt am besten so, wie es ist!

Karamellisierter Chicorée rot und gelb

4 Chicorée-Stauden, rot und gelb
5 EL brauner Zucker
Salz
6 cl roter Portwein
Saft von 1 Zitrone
frisch gemahlener Pfeffer
1 EL kalte Butter
100 g Pecorino am Stück

1 Die Chicorée-Stauden waschen und vierteln, dabei den Strunk nur so weit entfernen, dass die Blätter noch zusammen halten.

2 In einer großen Pfanne den Zucker bei mittlerer Temperatur hell karamellisieren lassen. Den vorbereiteten Chicorée fächerförmig in die Pfanne legen und leicht salzen. Nach etwa 1 Minute das Gemüse wenden und mit dem Portwein ablöschen. Einen Deckel auf die Pfanne legen und den Chicorée in etwa 4 Minuten gar dünsten, anschließend mit Zitronensaft beträufeln.

3 Das Gemüse aus der Pfanne nehmen, fächerförmig auf vorgewärmten Tellern anrichten und mit Pfeffer würzen. Den Fond in der Pfanne sämig einkochen lassen, die kalte Butter unterrühren und die Sauce über dem Gemüse verteilen. Den Chicorée mit frisch gehobelten dünnen Pecorino-Scheiben belegen und servieren.

Tipp Fein gehobelte schwarze Trüffel passen ganz hervorragend dazu.
Karamellisierter Chicorée schmeckt besonders lecker zu kurz gebratenem Schweinefleisch.

Salat von roher Roter Bete

300 g kleine Rote Bete
4 EL Zucker
50 ml Apfelessig
Salz
etwas dünn abgeschälte
unbehandelte Zitronenschale
½ TL geriebener frischer Ingwer
4 EL Rapsöl
frisch gemahlener Pfeffer

1 Die Roten Bete waschen und mit einem Sparschäler schälen. Das Gemüse mit einem Küchenhobel oder einer Aufschnittmaschine in etwa 2 mm dünne Scheiben schneiden. Diese anschließend in feine Streifen schneiden und in eine Schüssel geben.

2 In einem Topf den Zucker hellbraun karamellisieren lassen, mit dem Essig und der gleichen Menge Wasser ablöschen, salzen, die Zitronenschale zufügen und alles sämig einkochen lassen.

3 Die Rote-Bete-Streifen mit dem Ingwer würzen, die Essigreduktion sowie das Rapsöl untermischen, die Zitronenschale entfernen. Mit Salz und Pfeffer abschmecken und den Rote-Bete-Salat vor dem Servieren eine halbe Stunde durchziehen lassen.

Tipp Sehr fein zu gekochten Fleischgerichten.

Riesling-Dämpfkraut

1 Kopf Weißkraut, etwa 500 g
1 Schalotte
3 EL Schweine-,
Gänse- oder Entenschmalz
2 EL Zucker
Salz
2 frische Lorbeerblätter
¼ l trockener Riesling

1 Den Kohlkopf von den äußeren Blättern befreien, vierteln und den Strunk entfernen. Die Weißkrautviertel mit einem Gurkenhobel in feine Streifen hobeln. Die Schalotte schälen und fein würfeln.

2 In einem entsprechend großen Topf das Schmalz erhitzen, die Schalottenwürfel darin glasig andünsten und das Kraut zugeben. Mit Zucker, Salz und Lorbeer würzen. Den Riesling angießen und alles zusammen etwa 15 Minuten bei mittlerer Hitze zugedeckt köcheln lassen, dabei zwischendurch immer wieder mit einer Gabel auflockern und durchmischen, damit das Kraut gleichmäßig gart und „blond" bleibt. Am Schluss den Deckel abnehmen und die Flüssigkeit im Topf noch etwas verdampfen lassen.

Tipp Hervorragend zu Wildgeflügel oder auch zu Bratwürsten.

Sauté vom Blumenkohl
und Schwammerln

1 Die Blätter vom Blumenkohl entfernen, den Strunk herausschneiden, die Röschen abtrennen und diese wiederum in kleinste Röschen zerteilen. Die Schalotte schälen und fein würfeln. Die Schwammerl putzen. Wenn sie nicht zu sandig sind, nur die Stiele kürzen und diese mit einem Messer leicht abschaben. Die Kappen mit einem trockenen Tuch abreiben. Kleine Pilze vierteln, größere in etwa 1 cm dicke Scheiben schneiden. Die Petersilie waschen, trocknen, von den Stängeln befreien und die Blättchen grob zerzupfen.
2 In einer Edelstahlpfanne das Olivenöl erhitzen. Die Blumenkohlröschen bei hoher Temperatur darin anbraten, mit einem Holzlöffel durchrühren und salzen. Die Butter zufügen, die Temperatur reduzieren, einen Deckel auflegen und alles 2 bis 3 Minuten garen. Anschließend die vorbereiteten Pilze zusammen mit den Schalottenwürfeln zufügen, alles mit Salz und Pfeffer abschmecken, vermengen und die Mischung zugedeckt weitere 2 Minuten garen, zum Schluss die Petersilie unterrühren.

Tipp Schmeckt mit einem Schuss Essig und einer Prise Zucker auch sehr lecker als Salat.

Sehr gut zu Wildgerichten, kräftigen Schmorgerichten mit Fleisch – aber auch als eigenständiges vegetarisches Gericht, beispielsweise mit Polenta oder Kartoffelpüree.

1 kleiner Blumenkohl
1 Schalotte
200 g gemischte Schwammerl,
z. B. Rotkappen, Maronenröhrlinge,
Steinpilze
1 Bund Petersilie
50 ml Olivenöl
Salz
2 EL Butter
frisch gemahlener Pfeffer

Marinierter grüner Spargel mit Cashew-Kernen

1,2 kg grüner Spargel · 2 Tomaten
1 Bund Basilikum
30 g Rosinen
Salz · 1 TL Zucker
3 EL Butter
3 EL Walnussöl
100 g Cashew-Kerne
frisch gemahlener Pfeffer

1 Den Spargel lediglich am unteren Ende schälen oder nur an der „Sollbruch-stelle" abbrechen. Die Tomaten mit kochendem Wasser kurz überbrühen, abschrecken, häuten, achteln und dabei die Stielansätze entfernen. Basilikum-blättchen abzupfen und grob schneiden. Die Rosinen einweichen.

2 Den Spargel in Salzwasser mit dem Zucker und 1 TL Butter 4 bis 5 Minuten kochen. Mit der Schaumkelle herausheben, den Spargel auf einer vorge-wärmten Platte anrichten, leicht salzen und mit Walnussöl beträufeln.

3 In einer Pfanne die restliche Butter erhitzen, Cashew-Kerne darin bei schwacher Hitze goldbraun rösten. Die Rosinen ausdrücken und zusammen mit den Tomatenachteln unterrühren. Die Pfanne vom Herd nehmen, Basilikum unter-mischen, alles mit Pfeffer würzen und über dem Spargel verteilen. Lauwarm servieren.

Tipp Schmeckt zu gebratenem oder geräuchertem Süßwasserfisch wie Forelle, Zan-der, Renke oder Saibling.

Kohlrabi-Apfel-Gemüse

3 kleine Kohlrabi
2 säuerliche Äpfel,
z. B. Cox Orange
2 EL Butter
Salz
frisch gemahlener Pfeffer

1 Die Kohlrabi schälen und die zarten kleinen Blätter beiseite legen. Das Gemüse in etwa 3 mm dicke Scheiben schneiden. Die Äpfel waschen, vierteln und jeweils das Kerngehäuse entfernen. Die Viertel in etwa 1 cm breite Spal-ten schneiden.

2 In einem flachen Topf die Butter langsam schmelzen. Die Kohlrabischeiben auf dem Topfboden verteilen, salzen, pfeffern, die Apfelspalten darauf legen und zum Schluss die Kohlrabiblättchen darüber verteilen.

3 Etwa 400 ml Wasser angießen und das Gemüse bei mittlerer Hitze etwa 10 Minuten zugedeckt dünsten.

4 Zum Servieren die Kohlrabi-Apfel-Mischung flach auf vorgewärmten Tellern anrich-ten, den Garsud kurz einkochen lassen und das Gemüse damit beträufeln.

Tipp Passt hervorragend zu gebratenen Innereien wie Bries oder Leber, aber auch zu frischer Blutwurst.

Sauté vom Hokkaido-Kürbis

1 Hokkaido-Kürbis,
600 bis 700 g
8–12 kleine Lauchzwiebeln
1 Bund frische Minze
3 EL Olivenöl
1 TL Zucker
Salz
frisch gemahlener Pfeffer
frisch geriebene Muskatnuss

1 Den Kürbis waschen, trockenreiben, vierteln und mit einem Löffel das faserige Innere sowie die Kerne herausschaben. Die Viertel quer in etwa 3 mm dicke Scheiben schneiden. Die Lauchzwiebeln waschen, jeweils die äußere dünne Haut sowie das Grün entfernen und die Zwiebeln längs halbieren. Die Minze waschen, die Blättchen von den Stängeln zupfen und fein schneiden.
2 In einer großen Pfanne das Olivenöl erhitzen und die Kürbisscheiben darin scharf anbraten. Nach etwa 1 Minute die Zwiebeln zufügen und die Temperatur auf mittlere Hitze reduzieren. Alles mit Zucker, Salz und Pfeffer würzen und den Kürbis in etwa 5 Minuten fertig braten. Zum Schluss alles mit Muskat abschmecken und die Minze unterrühren.

Tipp Schmeckt sehr gut zu kurz gebratenem Geflügel, etwa Streifen von Puten- oder Hühnerbrust.
Hokkaido-Kürbis muss nicht geschält werden! Die Schale hat einen intensiven Kürbisgeschmack.

Glasierte junge Sommerzwiebeln mit Thymian

2 große junge Sommerzwiebeln,
je etwa 250 g (siehe Tipp)
1 Bund frischer Thymian
80 g brauner Zucker
80 ml Olivenöl
2 frische Lorbeerblätter
Fleur de Sel
frisch gemahlener Pfeffer
1 EL Rotweinessig

1 Von den Zwiebeln nur die äußere dünne Glashaut entfernen. Die Zwiebeln achteln, den Strunk dabei nicht entfernen. Den Thymian waschen, trocknen und die Blättchen von den Stängeln zupfen.
2 In einer großen Gusspfanne oder einem Bräter den Zucker hellbraun karamellisieren. Das Öl zufügen und erhitzen, die Lorbeerblätter zugeben, die Zwiebelstücke nebeneinander einlegen und bei reduzierter Temperatur langsam bräunen, wenden und mit Thymian bestreuen. Die Zwiebeln mit Fleur de Sel und Pfeffer würzen und einen Deckel auflegen. Alles bei milder Hitze noch 20 bis 25 Minuten im eigenen Dampf garen, dabei zwischendurch immer wieder mit dem Karamell übergießen.

3 Sobald die Zwiebeln weich sind, den Deckel abnehmen, den Schmorfond noch etwas einkochen lassen und mit dem Rotweinessig abschmecken.

Tipp Junge Sommerzwiebeln haben noch keine feste braune Schale. Die glasierten Zwiebeln schmecken sehr gut mit Tomatensalat, aber auch mit gekochtem Ochsenfleisch und frischen Gartenkräutern.

Feiner Wirsingsalat
mit Trüffel-Vinaigrette

1 Den Wirsingkopf halbieren, den Strunk entfernen und die Blätter einzeln abtrennen. Jeweils die harten Blattrippen aus der Mitte herausschneiden, die Blätter dabei halbieren, anschließend in etwa 1 cm breite Streifen schneiden.
2 Für die Vinaigrette die Trüffeln grob zerschneiden und mit den restlichen Zutaten in einem hohen Becher mit dem Stabmixer fein pürieren, aber es sollten noch kleine Trüffelstückchen erkennbar sein.
3 In einem Topf mit kochendem Salzwasser den Wirsing 4 bis 5 Minuten blanchieren. Er sollte weich, aber keinesfalls verkocht sein. Den Kohl abgießen und auf einem Sieb kurz abtropfen lassen, eventuell mit den Händen etwas ausdrücken. Den noch heißen Wirsing in eine Schüssel geben, mit der Trüffel-Vinaigrette vermischen und lauwarm servieren.

Tipp Wirsingsalat schmeckt sehr lecker zu luftgetrocknetem Schinken, gekochter Kalbshaxe oder Kalbszunge.

1 Kopf Wirsing, etwa 500 g
Salz

Für die Vinaigrette:
40 g schwarze Trüffeln
(aus dem Glas, Feinkostgeschäft)
80 ml Olivenöl
½ TL Zucker
3 EL bester Rotweinessig
1 cl roter Portwein
Salz
frisch gemahlener Pfeffer
1 EL gutes Trüffelöl

Geschmorter Mangold mit Peperonata

2 rote Paprikaschoten
1 Zweig Rosmarin
1 Zweig Thymian
3 EL Olivenöl
Fleur de Sel
300 g Mangold
Salz
1 Schalotte
2 EL Butter
50 ml Gemüsebrühe
frisch gemahlener Pfeffer

1 Die Paprikaschoten waschen, halbieren und mit der Schnittfläche nach unten auf ein Backblech legen. Die Kräuterzweige dazulegen und die Paprikahälften mit 1 EL Olivenöl bepinseln, dann mit Fleur de Sel bestreuen. Die Paprika bei 180 °C im vorgeheizten Ofen etwa 15 Minuten garen. Herausnehmen, die Schoten in einen Gefrierbeutel geben und darin abkühlen lassen. Anschließend die Paprika herausnehmen und die Haut abziehen, sie lässt sich jetzt ganz leicht entfernen. Strünke, Kerne und weiße Trennwände entfernen, die Paprikahälften längs in drei Streifen schneiden, beiseite stellen.

2 Den Mangold waschen, die Stiele von den Blättern trennen und in 3 cm lange Stücke schneiden. Die Blätter in kochendem Salzwasser etwa 1 Minute blanchieren, mit einer Schaumkelle aus dem Topf heben und auf Küchenpapier abtropfen lassen.

3 Die Schalotte schälen und fein würfeln. In einem Topf die Butter zusammen mit den restlichen 2 EL Olivenöl erhitzen, die Schalottenwürfel darin andünsten, die geschnittenen Mangoldstiele zufügen und die Gemüsebrühe angießen. Das Gemüse salzen, pfeffern und zugedeckt etwa 5 Minuten dünsten. Anschließend die blanchierten Mangoldblätter sowie die Paprikastreifen untermischen. Eventuell alles noch einmal mit Pfeffer nachwürzen und das Gemüse in etwa 5 Minuten bei milder Hitze gar dünsten.

Tipp Passt gut als Beilage zu kurz gebratenem Fleisch, ist aber auch als eigenständiges kleines vegetarisches Gericht sehr lecker.

Lauwarmer roher Spinat mit Steinpilzen

200 g junge zarte Spinatblätter
250 g kleine feste Steinpilze
3 EL Walnussöl
Salz
frisch gemahlener Pfeffer
Saft von 2 Zitronen
60 ml Olivenöl
80 g Parmesan am Stück

1 Den Spinat waschen, von den Stielen befreien und in der Salatschleuder trockenschleudern. Die Steinpilze putzen, entweder mit einem kleinen Messer abschaben oder mit einem Tuch trocken abreiben. Anschließend die Pilze in feine Scheiben schneiden und diese flach auf einer Platte auslegen.

2 Den Spinat in eine große Edelstahlschüssel geben, das Walnussöl darüber träufeln und den Spinat mit Salz und Pfeffer würzen. Die Schüssel auf eine heiße Herdplatte stellen und alles vorsichtig durchmischen, dabei darauf achten, dass der Spinat nur lauwarm erwärmt wird und nicht zusammen fällt.

3 Den Spinat auf vorgewärmten Tellern flach anrichten. Zitronensaft und Olivenöl mit Salz und Pfeffer vermischen und die Pilze damit beträufeln. Anschließend die Pilze sofort locker über dem Spinat verteilen und nach Gusto Parmesan darüber hobeln.

Tipp Schmeckt auch sehr gut mit Sommertrüffeln.

Köstliche Beilage zu gehacktem, mariniertem Kalbfleisch. Sehr gut auch als vegetarisches Sommergericht, mit gegrilltem Sauerteigbrot!

Spargel mit Spitzmorcheln und Erbsen à la crème

1 Die Morcheln halbieren, die Stiele abschneiden, die Pilze unter fließendem Wasser waschen und abtropfen lassen. Den Spargel von der Spitze abwärts schälen und die holzigen Enden abschneiden. Die Schalotte schälen und fein würfeln. Von den Kräutern 4 Stängel beiseite legen, den Rest abzupfen und die Blättchen fein schneiden.

2 In einen Topf reichlich Wasser mit etwas Salz, dem Zucker und 1 EL Butter sowie der halben Zitrone zum Kochen bringen. Die Zitronenhälfte dann wieder entfernen, da das Kochwasser sonst seifig schmecken würde. Die Spargelstangen einlegen und 5 bis 6 Minuten wallend kochen lassen.

3 Währenddessen in einer großen Pfanne die restliche Butter erhitzen. Die Schalotten mit den Erbsen darin hell anschwitzen, die Morcheln zugeben, salzen und pfeffern. Alles kurz weiter anschwitzen, dann die Sahne mit dem Kalbsfond zufügen. Alles aufkochen lassen und die Sauce in 3 bis 4 Minuten sämig reduzieren.

4 Den Spargel aus dem Wasser nehmen, kurz abtropfen lassen und auf vorgewärmte Teller verteilen. Die Morchelsauce eventuell mit Salz und Pfeffer abschmecken und die geschnittenen Kräuter unterrühren. Die Sauce so über dem Spargel verteilen, dass die Spitzen frei bleiben. Die Spargel mit je einem Kräuterzweig garniert servieren.

Tipp Die ausnahmsweise Verwendung von ein wenig Sahne bringt den Morcheln einen super Geschmack!

---

200 g frische Spitzmorcheln

1 kg weißer Spargel, mittlere Stärke

½ Schalotte

1 Bund Kerbel oder Brunnenkresse

Salz

1 TL Zucker

2 EL Butter

½ unbehandelte Zitrone

100 g frische, ausgepalte Erbsen

frisch gemahlener Pfeffer

100 ml Sahne

3 EL brauner Kalbsfond

Kartoffel-Wurzel-Gemüse, säuerlich abgeschmeckt

400 g fest kochende Kartoffeln (z. B. Linda)
1 mittelgroße Karotte
½ Knolle Sellerie
1 kleine Steckrübe
1 Petersilienwurzel
1 kleine Zwiebel
1 Knoblauchzehe
1 Bund glatte Petersilie
50 ml Rapsöl
2 frische Lorbeerblätter
¾ l Fleisch- oder Gemüsebrühe
Salz
frisch gemahlener Pfeffer
3 EL Apfelessig
2 EL kalte Butter

1 Die Kartoffeln und das Gemüse waschen, schälen und alles in etwa 1 ½ cm große Würfel schneiden. Die Zwiebel schälen und fein würfeln. Die Knoblauchzehe ungeschält mit dem Handballen leicht andrücken. Die Petersilie waschen, abtropfen lassen, die Blättchen von den Stängeln zupfen und fein schneiden.

2 In einem Topf das Rapsöl erhitzen und die Zwiebelwürfel darin hell anschwitzen. Das geschnittene Wurzelgemüse und die Kartoffeln mit den Lorbeerblättern und dem Knoblauch zufügen. Alles mit der Brühe auffüllen, leicht salzen, pfeffern und kurz aufkochen lassen. Die Temperatur reduzieren und die Kartoffel-Gemüse-Mischung zugedeckt 20 bis 25 Minuten bei milder Hitze köcheln lassen, dabei hin und wieder umrühren. Am Schluss sollen Kartoffel- und Gemüsestücke weich, aber nicht zerkocht sein.

3 Lorbeerblätter und Knoblauch entfernen, das Gemüse mit Apfelessig abschmecken und die kalte Butter unterrühren. Eventuell noch einmal mit Pfeffer nachwürzen, das Gemüse verträgt gut ein bisschen Schärfe. Das Kartoffel-Wurzel-Gemüse mit Petersilie bestreut servieren.

Tipp Dieses Gemüse schmeckt ganz besonders gut als Beilage zu knusprig gebratenem Schweinefleisch.

Wenn Gemüse- statt Fleischbrühe verwendet wird, ist es aber auch ein leckeres, eigenständiges vegetarisches Gericht.

Gurkengemüse
mit Sauerrahm und Dill

2 Salatgurken
1 Schalotte
1 Bund Dill
1 EL Butter
½ TL Senfkörner
Salz
frisch gemahlener Pfeffer
½ TL Zucker
100 g saure Sahne
1 TL Noilly Prat oder
anderer Wermut

1 Von den Salatgurken die Enden abschneiden und dann erst schälen (siehe Tipp). Anschließend längs halbieren, mit einem Löffel die Kerne herausschaben und die Gurkenhälften längs vierteln. Die Streifen in etwa 1 ½ cm breite Stücke schneiden. Die Schalotte schälen und fein würfeln. Den Dill waschen und die Spitzen von den Stängeln zupfen.

2 In einer Stielkasserolle die Butter bei mittlerer Hitze schmelzen und die Schalottenwürfel darin glasig schwitzen. Die Gurkenstückchen mit den Senfkörnern zufügen. Alles mit Salz, Pfeffer und Zucker würzen und zugedeckt in etwa 5 Minuten gar dünsten.

3 Den Sauerrahm unterrühren und das Gemüse mit dem Wermut verfeinern. Zum Schluss die Dillspitzen darüber zupfen und das Gurkengemüse eventuell noch einmal mit Pfeffer nachwürzen.

Tipp Durch das Abschneiden der Gurkenspitzen vor dem Schälen wird vermieden, dass die darin enthaltenen Bitterstoffe mit dem Schäler über die Gurken gezogen werden.

Hervorragend zu gedünstetem Fisch, das Gemüse schmeckt aber auch mit gekochtem Kalb- oder Rindfleisch.

Legierte Brunnenkressesuppe

1 Die Blätter der Brunnenkresse abzupfen, die Stiele beiseite legen. Die Blätter in kochendem Wasser 2 bis 3 Minuten blanchieren, abgießen und in eiskaltem Wasser abschrecken, dann mit den Händen etwas ausdrücken. Die Stiele in der Brühe aufkochen, beiseite stellen und ½ Stunde ziehen lassen. Inzwischen die Kräuterblättchen in einem hohen schmalen Gefäß mit dem Stabmixer pürieren.

2 Die Schalotte schälen und fein würfeln. Die Butter in einem Topf erhitzen, die Schalottenwürfel darin hell anschwitzen, das Mehl zufügen und mit dem Schneebesen glatt rühren. Alles vom Herd nehmen und abkühlen lassen.

3 Die Brühe mit den Kräuterstielen durch ein Haarsieb in einen Topf passieren, erneut erhitzen und anschließend mit dem Schneebesen klümpchenfrei unter die abgekühlte Mehlbutter rühren. Alles aufkochen lassen, Lorbeer zufügen und die Suppe bei mittlerer Temperatur etwa 20 Minuten kochen lassen, dabei immer wieder umrühren, dann mit Salz, Pfeffer und wenig Muskat abschmecken.

4 Die Suppe ein zweites Mal durch ein Haarsieb in einen Topf passieren, aufkochen lassen, die pürierten Brunnenkresseblättchen unterrühren und alles noch einige Minuten köcheln lassen.

5 Den Sauerrahm mit den Eigelben verrühren. Den Topf vom Herd nehmen und den Sauerrahm einrühren. Die Brunnenkressesuppe mit dem Stabmixer aufschäumen und mit wenig Zitronensaft abschmecken.

Tipp Nach dem Einrühren der Ei-Sauerrahm-Mischung darf die Suppe nicht mehr kochen, da sonst das Ei gerinnt.

1 kg Brunnenkresse
1 ½ l Geflügel- oder Gemüsebrühe
1 Schalotte
50 g Butter
50 g Mehl
2 frische Lorbeerblätter
Salz
frisch gemahlener Pfeffer
frisch geriebene Muskatnuss
80 g saure Sahne
2 Eigelbe
etwas Zitronensaft

Geschmorter Fenchel in Eihülle

4 mittelgroße Fenchelknollen
1 Karotte
1 Zwiebel
60 ml Olivenöl
2 frische Zweige Thymian
1 ½ l Gemüsebrühe
(siehe Seite 66)
1 frisches Lorbeerblatt
1 Chilischote
Salz
3 Eier
Cayennepfeffer
½ TL Worcestershiresauce
Mehl zum Wenden
Saft von ½ Zitrone

1 Die äußeren Blätter der Fenchelknollen entfernen, da sie meist etwas holzig sind. Die Knollen mitsamt dem Strunk halbieren. Karotte und Zwiebel schälen und in etwa 1 cm große Würfel schneiden.

2 In einer großen Pfanne die Hälfte des Olivenöls erhitzen, Karotten- und Zwiebelwürfel darin zusammen mit dem Thymian bei mittlerer Hitze anschwitzen. Die Gemüsebrühe angießen, die halbierten Fenchelknollen mit der Schnittfläche nach unten einlegen, Lorbeerblatt und Chilischote zufügen und alles mit Salz würzen. Das Gemüse zugedeckt etwa 20 Minuten dünsten, der Fenchel soll am Schluss weich sein. Herausnehmen und die Fenchelhälften auf einem Gitter abtropfen lassen.

3 Inzwischen die Eier mit 1 Prise Cayennepfeffer und der Worcestershiresauce verrühren. Die abgetropften Fenchelhälften nochmals halbieren und die Viertel in Mehl wenden. Überschüssiges Mehl abklopfen und den Fenchel durch die verquirlten Eier ziehen.

4 In einer ofenfesten Pfanne das restliche Olivenöl erhitzen und die Fenchelviertel darin goldgelb anbraten. Das Gemüse anschließend bei 200 °C im vorgeheizten Backofen in 10 Minuten fertig garen. Herausnehmen, auf Küchenpapier kurz abtropfen lassen, auf vorgewärmten Tellern anrichten und den Fenchel in Eihülle mit Zitronensaft beträufelt servieren.

Tipp Mit Blattsalaten als Beilage ein leckeres vegetarisches Gericht. Ein kräftiger Tomaten-Sugo (Rezept siehe Seite 64) passt ebenfalls hervorragend.

Der geschmorte Fenchel passt auch ganz ausgezeichnet zu Zicklein- und Lammfleisch.

Kürbis süß-sauer

1 kleiner Hokkaido Kürbis,
600–700 g
¼ l trockener Weißwein
¼ l Apfelessig
220 g Zucker
1 Sternanis
1 frisches Lorbeerblatt
2 Chilischoten
3 Pimentkörner
1 Scheibe frischer Ingwer,
etwa ½ cm dick, geschält
½ TL Fleur de Sel

1 Den Kürbis waschen, halbieren, vierteln und mit einem Löffel das faserige Innere sowie die Kerne entfernen. Für den Sud in einem Topf den Wein mit dem Essig, dem Zucker und allen Gewürzen (außer Salz) aufkochen und vom Herd nehmen, anschließend das Fleur de Sel zufügen.

2 Die Kürbisviertel mit der Schale quer in etwa 4 mm dicke Scheiben schneiden und in eine breite Schüssel geben. Den Sud noch einmal aufkochen und die Kürbisscheiben sofort damit übergießen. Das Gemüse vor dem Servieren einen Tag durchziehen lassen.

Tipp Der eingelegte Kürbis ist im Kühlschrank etwa 2 Wochen haltbar, daher können auch gleich größere Mengen zubereitet werden. Außerdem kann süßsaurer Kürbis gut eingeweckt werden.

Der Kürbis schmeckt sehr gut als Beilage zu Wildgerichten und kräftigen Vorspeisen wie Fleischterrinen. Lecker auch zu bitteren winterlichen Salaten wie Radicchio und Endivie.

Variante: Die gleiche Rezeptur eignet sich hervorragend für diverses Wurzelgemüse, etwa Sellerie, Pastinaken oder Schwarzwurzeln. Aber auch kleine Blumenkohl- oder Romanesco-Röschen können auf diese Art eingelegt werden. Eventuell 1 TL Kurkumapulver im Sud mitkochen, das verleiht dem Gemüse eine witzige gelbe Farbe.

Auch sehr gut: Ganze, geschälte Stangen vom weißen Spargel (Klasse II, bis 12 mm Durchmesser) auf diese Weise zubereiten und einlegen!

Ragout von roten und weißen Bohnen

1 Die Bohnenkerne in einem großen Topf zusammen mit Lorbeer, Chilischoten, der ungeschälten und leicht angedrückten Knoblauchzehe sowie dem Fleur de Sel in 2 l kaltem Wasser über Nacht einweichen.

2 Am nächsten Tag den Topf aufsetzen und die Bohnen in 2 ½ bis 3 Stunden langsam offen weich köcheln. Eventuell zwischendurch etwas Wasser nachgießen, die Bohnen sollten während des Kochens immer bedeckt sein.

3 Inzwischen in einem kleinen Topf 1 EL Butter zerlassen und das Mehl mit einem Schneebesen einrühren. Den Topf vom Herd ziehen und abkühlen lassen. Den Lauch halbieren, gut waschen, und die Lauchhälften quer in 1 cm breite Stücke schneiden.

4 Vom Bohnenkochsud ¼ l abmessen und in das Butter-Mehl-Gemisch einrühren. Den Topf wieder auf den Herd stellen und die Sauce etwa 20 Minuten zugedeckt bei schwacher Temperatur köcheln lassen.

5 Die weich gekochten Bohnen abgießen, auf einem Sieb abtropfen lassen und Lorbeer, Chili sowie Knoblauch entfernen. In einem größeren Topf die restliche Butter zerlassen. Den Lauch darin kurz anschwitzen, salzen und pfeffern. Dann die Bohnen und die helle Sauce hinzufügen. Die getrockneten Tomaten fein würfeln und untermischen. Alles zusammen noch einmal kurz köcheln lassen und zum Schluss das Bohnenkraut unterrühren.

Tipp Dieses Bohnenragout schmeckt ausgezeichnet zu kurz gebratenem oder gekochtem Rindfleisch.

Wenn man die helle Sauce weglässt, können die Bohnen auch mit einer Vinaigrette mariniert als Salat gegessen werden.

200 g getrocknete rote Bohnenkerne
200 g getrocknete weiße Bohnenkerne
1 frisches Lorbeerblatt
3 Chilischoten
1 Knoblauchzehe
2 EL Fleur de Sel
2 EL Butter
1 EL Mehl
1 Stange Lauch
Salz
frisch gemahlener Pfeffer
4 getrocknete Tomaten
1 TL fein geschnittenes frisches Bohnenkraut

Mit Semmeln gefüllte rote Paprikaschoten

Meine Rezepte

4 kleine rote Paprikaschoten
150 g Egerlinge
2 Schalotten
1 Bund Petersilie
3 weiße Semmeln (Brötchen) vom Vortag
2 EL Butter
Salz
frisch gemahlener Pfeffer
100 ml Milch
1 frisches Lorbeerblatt
1 Ei
frisch geriebene Muskatnuss
100 ml Olivenöl
150 ml Gemüsebrühe (Seite 66)
Saft von ½ Zitrone

1 Paprikaschoten waschen und oben einen Deckel von etwa 2 cm Höhe abschneiden, den Strunk dabei nicht entfernen. Die Kerne und die weißen Trennwände aus den Schoten entfernen. Die Egerlinge mit einem Tuch abreiben, den Stiel abschneiden und die Pilze vierteln. Schalotten schälen und fein würfeln. Die Petersilie waschen, abtropfen lassen, die Blättchen von den Stängeln zupfen und fein schneiden.

2 Die Semmeln in etwa 1 cm große Würfel schneiden. In einer Pfanne 1 EL Butter erhitzen, die gewürfelten Semmeln darin goldbraun rösten und anschließend in eine Schüssel geben.

3 Die restliche Butter in der Pfanne erhitzen, die Schalottenwürfel mit den Egerlingen darin hell anschwitzen, salzen, pfeffern und die Petersilie untermischen. Alles zu den Semmelwürfeln in die Schüssel geben. Die Milch mit dem Lorbeer langsam erhitzen. Anschließend das Lorbeerblatt entfernen und die Semmelwürfel mit der heißen Milch übergießen. Alles gut verrühren und die Masse 4 bis 5 Minuten quellen lassen. Zum Schluss das Ei untermischen und alles mit Salz, Pfeffer und Muskat abschmecken.

4 Die Semmelmasse in die vier ausgehöhlten Paprikaschoten füllen und jeweils den Deckel aufsetzen. Die gefüllten Schoten nebeneinander in einen kleinen Topf oder Bräter setzen, mit dem Olivenöl übergießen und die Gemüsebrühe angießen. Das Gemüse bei 180 °C im vorgeheizten Ofen zugedeckt etwa 40 Minuten garen. Anschließend den Deckel abnehmen, die Paprikaschoten mit dem Schmorfond übergießen und offen weitere 15 Minuten im Backofen garen.

5 Die gefüllten Paprika aus dem Topf nehmen und in vorgewärmte tiefe Teller setzen. Den Topf mit dem Schmorfond auf den Herd stellen, Zitronensaft einrühren und den Fond einkochen lassen, bis er eine sämige Konsistenz hat. Die Paprikaschoten mit dem Schmorfond überziehen und servieren.

Tipp Ein wunderbares vegetarisches Gericht! Passt jedoch auch zu dünn geschnittenen Scheiben von kurz gebratenem Schweine- oder Rindfleisch.

Gemüse-Brotaufstrich

250 g mehlig kochende Kartoffeln
1 kleine Aubergine
1 kleine Zucchini
1 kleine Karotte
1 kleine Fenchelknolle
2 Zwiebeln
1 ganze Knoblauchknolle
100 ml Olivenöl
200 g geschälte Tomaten aus dem Glas
2–3 Chilischoten
2 frische Lorbeerblätter
5 getrocknete Tomaten
5 Sardellenfilets
2 EL Kapern
Fleur de Sel
100 ml Gemüsebrühe (siehe Seite 66)

1 Die Kartoffeln schälen und grob würfeln. Das Gemüse waschen, die Karotte schälen. Von der Aubergine und der Zucchini die Enden abschneiden, den Rest in etwa 1 cm große Stücke schneiden, ebenso die Karotte. Den Fenchel mitsamt dem Strunk klein schneiden. Die Zwiebeln schälen und grob würfeln. Die Knoblauchknolle mit Schale quer halbieren.

2 In einem Topf das Olivenöl erhitzen und die Kartoffeln mit dem gesamten Gemüse, den Zwiebeln und dem Knoblauch darin andünsten. Die Tomaten zusammen mit Chili, Lorbeer, den getrockneten Tomaten, den Sardellenfilets und den Kapern zufügen. Alles mit Fleur de Sel würzen und die Gemüsebrühe angießen. Das Gemüse zugedeckt bei mittlerer Temperatur unter wiederholtem Rühren etwa 1 $\frac{1}{2}$ Stunden köcheln lassen. Am Schluss sollte die Flüssigkeit verkocht sein.

3 Das Gemüse durch die „Flotte Lotte" passieren, eventuell noch einmal nachsalzen, mit Pfeffer abschmecken und warm auf getoastetem Baguette oder Sauerteigbrot servieren.

Tipp Frische mediterrane Kräuter aller Art geben dem Gemüseaufstrich eine besondere Note.

Den Topf während des Kochvorgangs auf ein Gitter stellen. Dadurch kommt der Topfboden nicht direkt mit der Herdplatte in Berührung und es kann nichts anbrennen.

50

Artischocken-Confit mit Minze

1 Die Artischocken vorbereiten, wie auf Seite 27 beschrieben, aber nicht halbieren, sondern ganz lassen.

2 Anschließend die Artischocken in einen passenden Topf setzen, so dass sie genau die Bodenfläche ausfüllen. Mit dem Olivenöl übergießen, Rosmarin, die ungeschälte, leicht angedrückte Knoblauchzehe, die Chilischoten sowie die Lorbeerblätter zufügen, mit 1 TL Fleur de Sel würzen. Alles kurz aufkochen und anschließend offen bei geringer Temperatur 30 bis 35 Minuten köcheln lassen, bis die Artischocken weich sind. Dabei aufpassen, dass die Temperatur nicht zu hoch steigt und die Artischocken frittiert werden!

3 In der Zwischenzeit die Zitronenschale hauchfein würfeln. Petersilie und Minze waschen, die Blätter von den Stängeln zupfen. Die Minzblättchen fein schneiden, die Petersilie grob zerzupfen.

4 Die weichen Artischocken aus dem Öl nehmen, noch warm vierteln und in eine Schüssel geben. Mit Fleur de Sel und Pfeffer würzen, Zitronenschale, Minze und Petersilie zufügen und alles mit dem Zitronensaft und 6 EL des Olivenöls vermischen. Vor dem Servieren 10 Minuten durchziehen lassen.

6 mittelgroße italienische Artischocken
3/4 l Olivenöl (siehe Tipp)
1 Zweig Rosmarin
1 Knoblauchzehe
2 Chilischoten
2 frische Lorbeerblätter
Fleur de Sel
abgeschälte Schale und Saft von 1/2 unbehandelten Zitrone
1 Bund Petersilie
1 Bund frische Minze
frisch gemahlener Pfeffer

Tipp Das nach der Zubereitung übrig gebliebene Olivenöl in eine verschließbare Flasche abfüllen. Es eignet sich hervorragend als Aroma-Öl und kann für Marinaden verwendet werden.

Die marinierten Artischocken sind gut gekühlt bis zu 2 Wochen haltbar, allerdings sollten sie immer gut mit Öl bedeckt sein.

Mediterrane Gemüse, in der Folie gegart

4 mittelgroße, fest
kochende Kartoffeln
2 große Gemüsezwiebeln
1 ganze Knoblauchknolle
2 Zucchini
1 Aubergine
1 rote Paprikaschote
4 milde Gemüse-
Chilischoten
3 Tomaten
1 Fenchelknolle
2 Zweige Rosmarin
Fleur de Sel
frisch gemahlener Pfeffer
120 ml Olivenöl

1 Die Kartoffeln waschen, aber nicht schälen. Die Zwiebeln schälen und vierteln. Die Knoblauchknolle im Ganzen quer halbieren. Das restliche Gemüse waschen. Von den Zucchini und der Aubergine die Enden abschneiden und das Gemüse in etwa 3 cm große Würfel schneiden. Die Paprikaschote vierteln, den Stielansatz und die Kerne entfernen. Die Chilischoten ganz lassen, von den Tomaten nur den Stielansatz entfernen. Die Fenchelknolle vierteln und die äußeren Blätter entfernen, da sie meist etwas holzig sind. Die Rosmarinnadeln von den Zweigen streifen.

2 Auf einem Backblech nebeneinander drei Bahnen Alufolie leicht überlappend auslegen. Das vorbereitete Gemüse mittig darauf verteilen, mit Fleur de Sel und Pfeffer würzen. Alles mit dem Olivenöl übergießen und die Rosmarinnadeln darüber streuen. Die Enden der Alufolie über dem Gemüse zusammenschlagen, so dass alles gut verpackt ist. Das Gemüse dann in der Folie bei 200 °C im vorgeheizten Ofen 50 bis 60 Minuten garen.

Tipp In etwas mehr Folie verpackt lässt sich das Gemüse im Sommer auch wunderbar auf dem Grill zubereiten.

Gut zu gegrilltem Fleisch, kurz gebratenem Lamm oder kräftigen Salzwasserfischen wie z. B. Seeteufel oder Kabeljau.

Salat von breiten grünen Bohnen

600 g breite grüne Bohnen
1 Zwiebel
2 Tomaten
1 Bund Bohnkraut
Salz
80 ml Rapsöl
25 ml Apfelessig
1 TL Zucker
frisch gemahlener Pfeffer

1 Die Bohnen waschen und vom Stielende aus die Fäden abziehen. Die Spitzen abschneiden und die Bohnen schräg in etwa 1/2 cm breite Streifen schneiden. Die Zwiebel schälen und fein würfeln. Die Tomaten mit kochendem Wasser kurz überbrühen, in kaltem Wasser abschrecken und häuten. Halbieren, die Kerne entfernen und das Tomatenfruchtfleisch in feine Streifen schneiden. Das Bohnenkraut waschen, 3 Stängel beiseite legen, vom Rest die Blättchen abzupfen und fein hacken.

2 Die Bohnen in kochendem Salzwasser zusammen mit den Bohnenkrautstängeln in etwa 5 Minuten weich garen. Mit einer Schaumkelle aus dem Kochwasser nehmen, in eine Schüssel geben und die Bohnenkrautstängel entfernen. Die Zwiebelwürfel, das Öl und den Essig untermischen und alles mit Zucker, Salz und Pfeffer würzen. Zum Schluss die Tomaten vorsichtig unterheben und den Salat mit 1/2 TL geschnittenem Bohnenkraut abrunden. Den Bohnensalat vor dem Servieren etwa 1 Stunde bei Raumtemperatur durchziehen lassen.

Tipp Breite Bohnen schmecken am besten, wenn sie weich gekocht sind.

Die Bohnen unbedingt noch warm für den Salat verarbeiten und mit Raumtemperatur servieren.

Der Bohnensalat passt sehr gut zu paniertem Fleisch. Ebenfalls fein dazu: gebratenes Fischfilet, beispielsweise von Forelle, Saibling, Renke oder Zander. Auch mit säuerlich-mediterran eingelegten oder gebratenen Sardinen sehr lecker.

Auberginen-Auflauf

1 Die Auberginen vom Stielansatz befreien und längs in etwa ½ cm dicke Scheiben schneiden. Die Eier in einem tiefen Teller leicht verquirlen. In einer großen Pfanne das Olivenöl erhitzen. Die Auberginenscheiben erst in Mehl, dann in Ei wenden und im heißen Öl schwimmend goldbraun ausbacken. Herausnehmen, die gebratenen Auberginenscheiben auf Küchenpapier abtropfen lassen und leicht salzen. Basilikum waschen, abtropfen lassen, die Blättchen von den Stängeln streifen und fein schneiden. Den Mozzarella in etwa ½ cm dicke Scheiben schneiden.

2 Eine passende ofenfeste Form mit etwas Olivenöl auspinseln und schichtweise – beginnend mit Auberginenscheiben, dann Tomaten-Sugo, Lasagneblätter und fein geschnittenes Basilikum – alle Zutaten einfüllen. Die letzte Schicht sollten Auberginenscheiben sein, die noch dünn mit Tomaten-Sugo bestrichen werden. Das Ganze dann mit Pfeffer würzen und mit einer Lage Mozzarella abschließen.

3 Den Auflauf bei 200 ºC im vorgeheizten Ofen etwa 30 Minuten backen. Herausnehmen und alles in der Form einen Tag durchziehen lassen. Am nächsten Tag portionsweise mit Mozzarella überbacken und lauwarm servieren.

Tipp Statt der Lasagne-Blätter können auch 200 g dünne Scheiben gekochter Schinken oder Mortadella zwischen die Schichten gelegt werden.

Weitere Variante: Zwischen die Schichten Béchamelsauce (siehe Seite 64) streichen. Dann den Auflauf allerdings als warmes Gericht servieren.

Für 6 Portionen

3 Auberginen
4 Eier
½ l Olivenöl
100 g Mehl
Salz
1 Bund Basilikum
400 g Büffel-Mozzarella
1 EL Olivenöl für die Form
600 g Tomaten-Sugo
(siehe Seite 64)
1 Packung Lasagne-Blätter
frisch gemahlener Pfeffer

Ravioli mit Spinat-Mangold-Füllung

Nudelteig nach dem Grundrezept
von Seite 65

Für die Füllung:
100 g geputzte Spinatblätter
1 kleiner Mangold
2 Schalotten · 1 Knoblauchzehe
5 EL Butter · Salz
Pfeffer · 3 EL Mehl
frisch geriebene Muskatnuss
100 g trockener Topfen
evtl. 1–2 EL Semmelbrösel

1 Spinat und Mangold waschen und abtropfen lassen. Mangold vom Strunk befreien und Blätter sowie Stiele in etwa ½ cm breite Streifen schneiden. Die Schalotten schälen, fein würfeln. Knoblauch schälen und fein schneiden.

2 In einer großen Pfanne 3 EL Butter zerlassen und die Schalottenwürfel darin glasig dünsten, Mangold zufügen, salzen, pfeffern, den Knoblauch untermischen und alles zugedeckt 3 bis 4 Minuten dünsten. Das Mehl gleichmäßig darüber stäuben, Spinatblätter untermischen und alles weitere 5 Minuten dünsten, bis die Flüssigkeit vom Mehl vollkommen gebunden ist.

3 Die Masse aus der Pfanne nehmen, abkühlen lassen, mit Salz, frisch gemahlenem Pfeffer und Muskat würzen. Anschließend die Mischung zusammen mit dem Topfen im Kutter oder Mixer nicht zu fein zerkleinern, so dass noch Gemüsestückchen sichtbar sind. Sollte die Masse zu feucht sein, noch 1 bis 2 EL Semmelbrösel untermischen. Alles 5 Minuten ziehen lassen.

4 Den Nudelteig dritteln, zwei Drittel wieder in Folie verpacken, damit er nicht austrocknet. Das erste Teigstück mit der Nudelmaschine in 5 Schritten bis auf ½ mm Stärke zu einer gleichmäßig breiten Bahn ausrollen. Die Teigbahn quer halbieren. Auf eine Hälfte in Abständen von 6 bis 7 cm jeweils 2 TL Füllung platzieren. Freie Ränder und Teigzwischenräume dünn mit kaltem Wasser bepinseln. Die zweite Hälfte der Teigbahn auflegen, jeweils an den Rändern sowie rings um die Füllung fest andrücken. Dabei darauf achten, so wenig Luft wie möglich in die Teigtaschen mit einzuschließen. Mit dem Teigrädchen Quadrate von etwa 5 x 5 cm ausschneiden. Die Ränder zum Schluss noch einmal gut andrücken, damit die Ravioli fest geschlossen sind. So fortfahren, bis der gesamte Nudelteig verbraucht ist.

5 Die Ravioli in kochendem Salzwasser 2 bis 3 Minuten wallend kochen, herausnehmen und abtropfen lassen. In einer Pfanne die restlichen 2 EL Butter zerlassen, die Ravioli vorsichtig darin schwenken und servieren.

Tipp Alternativ die Ravioli in Nussbutter geschwenkt und mit Parmesan- oder Pecorino-Spänen und einem Spritzer Rotweinessig servieren. Sehr lecker: Gedünstete Mangoldblätter unter die gekochten Ravioli mischen. Gut passt auch Tomaten-Sugo (siehe Seite 64) zu den gefüllten Teigtaschen. Eine andere Variante: Die Ravioli in Olivenöl schwenken und mit geröstetem Knochenschinken servieren.

Creme von frischen Erbsen

1 Schalotte

2 EL Butter

400 g frische, ausgepalte Erbsen

Salz

frisch gemahlener Pfeffer

1 TL Zucker

frisch geriebene Muskatnuss

100 g kalte Béchamelsauce (siehe Seite 64)

3 Blatt Gelatine

2 EL Crème fraîche

1 Die Schalotte schälen und in feine Würfel schneiden. Die Butter in einer Pfanne zerlassen, die Schalottenwürfel darin glasig andünsten und die Erbsen zufügen. 100 ml Wasser angießen und alles mit Salz, Pfeffer, Zucker und ein wenig Muskat würzen. Die Erbsen bei schwacher Hitze zugedeckt in etwa 10 Minuten weich dünsten, am Ende der Garzeit sollte die Flüssigkeit verdampft sein.

2 Die Erbsen in einem hohen Gefäß mit dem Stabmixer pürieren, anschließend durch ein Haarsieb streichen. Die kalte Béchamelsauce mit dem Pürierstab untermixen. Die Gelatine in kaltem Wasser 5 Minuten einweichen, etwas ausdrücken und in einem kleinen Topf bei schwacher Hitze schmelzen. Die warme Gelatine zügig mit einem Schneebesen in das Erbsen-Béchamel-Püree einrühren. Zum Schluss die Crème fraîche unterrühren und das Püree in einer Schüssel kalt stellen.

Tipp Wenn die Erbsen nur püriert und nicht außerdem noch passiert werden, bekommt die Creme mehr Struktur.

Erbsen-Creme ist ein idealer Brotaufstrich, schmeckt aber auch sehr gut zu marinierten Scheiben von Fisch oder Fleisch und zu marinierten Tomatenscheiben.

Zwiebel-Reis-Püree
zum Gratinieren von Gemüse oder Fleisch

1 Rand und Boden eines kleinen Topfes mit den Speckscheiben auslegen, jedoch einige Scheiben zum Abdecken aufheben. Die Zwiebeln schälen und in Scheiben schneiden. Die Thymianblättchen abzupfen. Den Reis abwechselnd mit den Zwiebelscheiben in den Topf einschichten, Lorbeer und Thymian zufügen, salzen und pfeffern. Das Olivenöl darüber verteilen, alles mit der heißen Milch aufgießen und die Masse mit dem restlichen Speck belegen.

2 Den Topf mit Deckel auf den Gitterrost in den auf 180 °C vorgeheizten Ofen stellen und die Zwiebel-Reis-Mischung etwa 60 Minuten quellen lassen, so dass am Schluss die Flüssigkeit vollständig aufgesogen ist.

3 Vorsichtig den Speck entfernen und die Reis-Zwiebel-Masse in ein hohes Gefäß füllen, dabei die Lorbeerblätter entfernen. Die Masse mit dem Stabmixer fein pürieren und erkalten lassen. Anschließend die Eigelbe und den geriebenen Parmesan unterrühren.

Tipp Sehr lecker zum Gratinieren von kräftigem Gemüse wie etwa Mangold, Fenchel oder auch dicken gebratenen Auberginenscheiben. Ebenfalls hervorragend geeignet zum Gratinieren von kurz gebratenem Fleisch! Dazu das gegarte Gemüse oder das gebratene Fleischstück etwa 1 cm dick mit der Masse bestreichen und unter dem Grill goldbraun überbacken.

Wenn das Fleisch – beispielsweise ein Steak oder Lammkotelett – rosa gebraten auf den Teller kommen soll, darf es vor dem Gratinieren nicht zu lange gebraten werden. Es muss noch einen blutigen Kern haben, denn durch das Überbacken gart das Fleisch erheblich nach.

200 g fetter Schweinerückenspeck, in 2 mm dünne Scheiben geschnitten

250 g Zwiebeln

3 Zweige frischer Thymian

250 g Langkornreis

2 frische Lorbeerblätter

Salz

frisch gemahlener Pfeffer

3 EL Olivenöl

600 ml heiße Milch

3 Eigelbe

60 g frisch geriebener Parmesan

Schwarzwurzeln mit Erbsen à la Vichy

700 g Schwarzwurzeln
300 g Erbsenschoten
1 Schalotte
1 Bund glatte Petersilie
2 EL Butter
Salz
frisch gemahlener Pfeffer
½ TL Zucker
150 ml Mineralwasser ohne
Kohlensäure

1 Die Schwarzwurzeln sorgfältig schälen, so dass die geschälten Wurzeln frei von schwarzen Punkten sind. Anschließend die Spitzen oben und unten abschneiden und die Wurzeln schräg in etwa 4 mm dicke Scheiben schneiden. Die Erbsenschoten aufbrechen und die Erbsen auslösen. Die Schalotte schälen und würfeln. Die Petersilie waschen, die Blättchen von den Stängeln zupfen und fein schneiden.

2 In einem flachen Topf die Butter zerlassen, die Schalottenwürfel darin glasig andünsten, dann die Schwarzwurzelstücke und die Erbsen zufügen. Alles mit Salz, Pfeffer und Zucker würzen und das Mineralwasser angießen. Das Gemüse zugedeckt bei milder Temperatur in 5 bis 6 Minuten gar dünsten. Anschließend den Deckel abnehmen und den Fond noch etwas einkochen lassen, so dass er das Gemüse sämig umschließt. Dabei darauf achten, dass sich die Butter nicht absetzt. Das Gemüse mit Petersilie verfeinert servieren.

Tipp Der Name des Gerichts leitet sich davon ab, dass früher in der klassischen französischen Küche das Gemüse stets in Wasser aus den Quellen von Vichy, einem Heilbad in der Region Auvergne, zubereitet wurde.

Bei größeren Mengen Schwarzwurzeln mit Gummihandschuhen arbeiten, da die Hände sonst klebrig rot werden.

Lecker zu gebratenen Krustentieren wie Wildfang-Garnelen oder Jakobsmuscheln. Außerdem gut zu gebratenem oder gedünstetem Geflügel und hellem Fleisch.

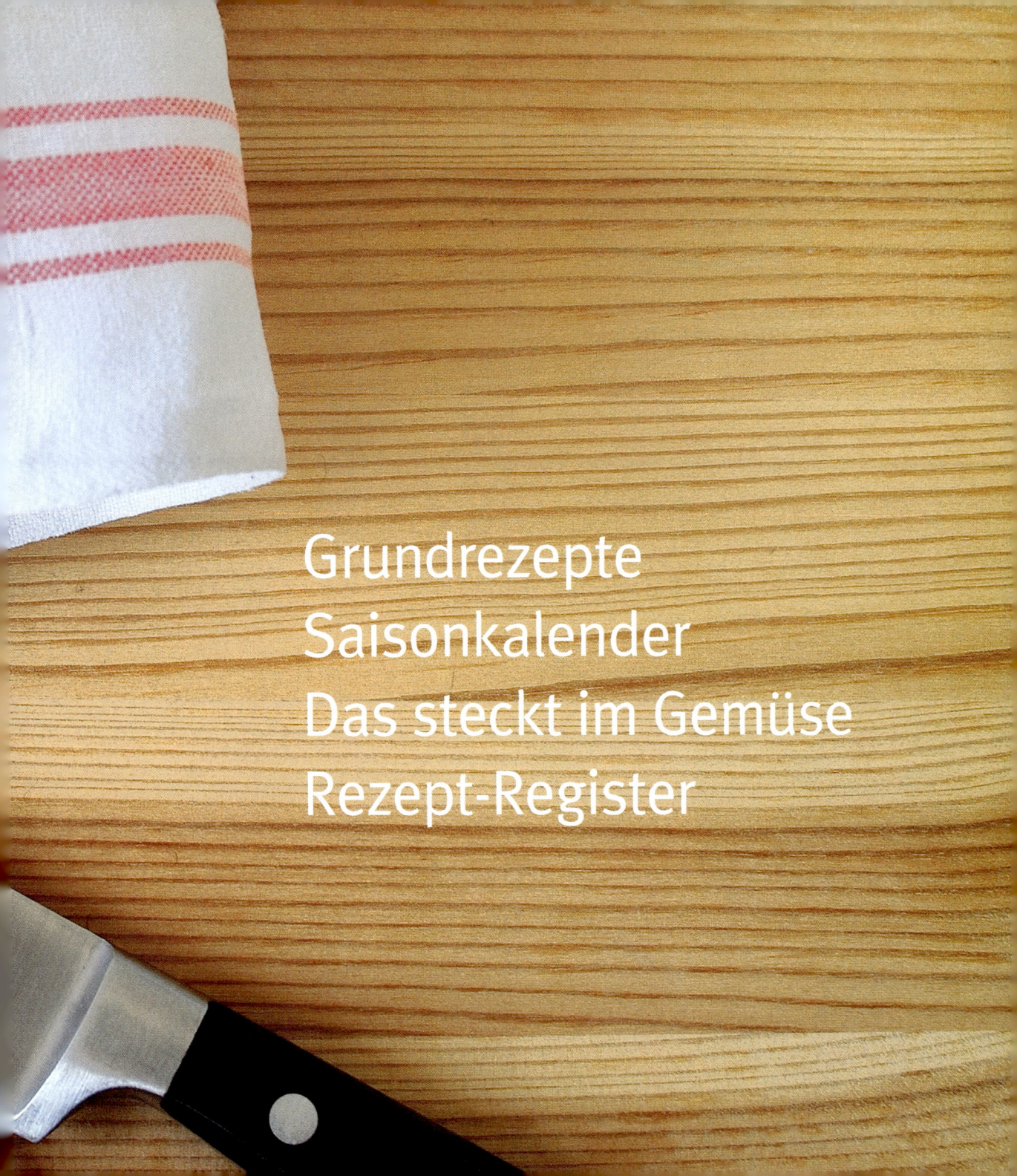

Grundrezepte

Saisonkalender

Das steckt im Gemüse

Rezept-Register

Béchamelsauce

½ Schalotte
1 frisches Lorbeerblatt
2 Gewürznelken
35 g Butter
35 g Mehl
½ l Milch
Salz

1 Die Schalotte schälen und mit dem Lorbeerblatt und den Nelken spicken. In einem Topf die Butter erhitzen, mit dem Schneebesen zuerst das Mehl, anschließend die kalte Milch glatt einrühren und alles aufkochen lassen. Die gespickte Schalotte zufügen und die Temperatur reduzieren.

2 Die Sauce unter häufigem Rühren bei schwacher Hitze in etwa 20 Minuten dickflüssig einkochen lassen, anschließend durch ein Haarsieb streichen.

Tipp Eine Béchamelsauce ist vielseitig in der Gemüse-Küche zu verwenden, etwa zu dem Auberginen-Auflauf (Seite 55) oder der Creme von frischen Erbsen (Seite 58). Sie ist aber auch Basis für Gemüse- oder Fischterrinen.

Auch zum Überbacken von Gemüsegerichten eignet sich eine Béchamel hervorragend. Dann jedoch noch etwas geriebenen Käse, beispielsweise Parmesan, und ein Eigelb einrühren.

Wenn etwas Béchamelsauce übrig bleibt, kann sie in gut verschließbaren Gläsern 4 bis 5 Tage im Kühlschrank aufbewahrt werden.

Tomaten-Sugo

2 Zwiebeln
4 Knoblauchzehen
4 Roma-Tomaten (siehe Tipp Seite 20)
50 ml Olivenöl · 2 EL Butter
50 g Zucker
1 kg geschälte Tomaten aus dem Glas
Salz
2 Chilischoten
3 frische Lorbeerblätter
100 ml Gemüsebrühe

1 Zwiebeln und Knoblauch schälen und beides fein würfeln. Die Tomaten waschen und in größere Stücke schneiden, dabei den Stielansatz entfernen.

2 In einem Topf das Olivenöl mit der Butter erhitzen, Zwiebel- und Knoblauchwürfel darin glasig andünsten. Den Zucker einstreuen und leicht karamellisieren lassen. Tomatenstücke und Schältomaten aus dem Glas zufügen, salzen, die Chilischoten sowie die Lorbeerblätter zugeben und alles aufkochen lassen.

3 Die Tomaten mit der Gemüsebrühe aufgießen und den Sugo bei mäßiger Hitze 1 ½ bis 2 Stunden köcheln lassen, dabei regelmäßig umrühren. Sobald der Tomaten-Sugo die gewünschte dicke Konsistenz hat, Lorbeerblätter und Chilischoten entfernen und den Sugo durch die „Flotte Lotte" passieren.

Tipp Tomaten-Sugo passt zu Nudeln und Polenta, aber auch zu Gemüse, wie etwa zum Fenchel in Eihülle (Rezept Seite 44). Je nach Geschmack und Verwendungszweck können auch mediterrane Kräuter wie Oregano, Thymian oder Rosmarin mitgekocht werden.

Tomaten-Sugo hält sich im Kühlschrank bis zu 7 Tagen, kann aber auch portionsweise eingefroren werden.

Teig für gefüllte Nudeln

1 Die beiden Mehlsorten in eine Schüssel geben und in die Mitte eine Mulde drücken. Die Eier mit den Eigelben leicht verquirlen und zusammen mit Olivenöl und Salz in die Mulde geben. Alles zu einem glatten Teig verarbeiten. Den Teig aus der Schüssel nehmen und nochmals mit den Handballen glatt und geschmeidig kneten. Den Teig zu einer Kugel formen, in Klarsichtfolie einwickeln und mindestens 1 Stunde bei Raumtemperatur ruhen lassen.
2 Den Nudelteig dritteln. Zwei Drittel wieder in Folie verpacken, damit der Teig nicht austrocknet. Ein Drittel mit der Nudelmaschine in 5 Schritten bis auf $\frac{1}{2}$ mm Stärke zu einer gleichmäßig breiten Bahn ausrollen und je nach Verwendungszweck weiter verarbeiten (siehe Tipp). Mit dem restlichen Teig ebenso verfahren, bis alles aufgebraucht ist.

**450 g Mehl oo
(Pizzamehl, siehe Tipp)
200 g griffiges Mehl oder
Hartweizengrieß
6 Eier
4 Eigelbe
2 EL Olivenöl
1 Prise Salz**

Tipp Wer sich Pizzamehl nicht aus Italien mitbringt, bekommt es hierzulande eventuell in guten italienischen Feinkostgeschäften. Ansonsten können Sie auch einfach doppelgriffiges Mehl (Typ 550) verwenden.

Nach diesem Rezept zum Beispiel den Nudelteig für die Ravioli (siehe Seite 56) herstellen.

Klare Gemüsebrühe

1 Zwiebel
1 Karotte
1 kleine Knolle Sellerie
1 kleine Stange Lauch
100 g Champignons
2 Knoblauchzehen
2 reife Tomaten
3–4 Stängel glatte Petersilie
80 ml Olivenöl
2 Chilischoten
2 frische Lorbeerblätter
Salz

1 Zwiebel, Karotte und Sellerie schälen und grob würfeln. Den Lauch längs halbieren, gründlich waschen und ebenfalls in größere Stücke schneiden. Die Champignons putzen und die Knoblauchzehen abziehen. Die Tomaten waschen und vierteln, die Petersilie waschen.

2 In einem großen Topf das Olivenöl erhitzen, Zwiebel-, Karotten-, Sellerie- und Lauchstücke etwa 2 Minuten darin anschwitzen. Knoblauch und Champignons zufügen und kurz mit anschwitzen. Alles mit 3 l kaltem Wasser auffüllen, aufkochen lassen und den Schaum abschöpfen. Die Tomaten zusammen mit Chili und Lorbeer zufügen und die Brühe etwa 1 ½ Stunden zugedeckt bei schwacher Hitze köcheln lassen. Etwa 15 Minuten vor Ende der Garzeit die Petersilienstängel in die Brühe geben und darin ziehen lassen.

3 Die Gemüsebrühe durch ein feines Haarsieb abgießen oder durch ein Küchentuch passieren und nur leicht salzen.

Tipp Die Brühe nicht zu kräftig salzen, da sie als Basis für viele Gemüse- und Fleischgerichte verwendet werden kann.

Gemüsebrühe, die nicht sofort verbraucht wird, hält sich in gut verschließbaren Gläsern etwa 1 Woche im Kühlschrank. Sie kann auch portionsweise eingefroren werden.

Die beste Gemüsebrühe jedoch ergibt sich aus gewaschenen, gemischten Gemüseschalen (keine welken, faulen oder bitteren Schalen oder Blätter verwenden!), gekocht mit Tomaten, Aromaten, Wasser und etwas Salz …

Kleiner Saison-Kalender

der Gemüsesorten, die in den Rezepten dieses Buches verwendet werden

Frühling	Sommer	Herbst und Winter
Artischocken	Artischocken	Artischocken
Egerlinge	Auberginen	Blaukraut
Erbsen, junge	Blumenkohl	Blumenkohl
Karotten, junge	Bohnen, breite (Stangen-)	Chicorée
Knoblauch, junger	Bohnen, Busch-	Egerlinge
Kohlrabi, junger	Bohnen, Wachs-	Grünkohl
Kresse	Egerlinge	Karotten
Lauch, junger	Erbsen	Kürbis
Lauchzwiebeln (Frühlings-zwiebeln)	Fenchel	Mangold
Mangold, junger	Gemüsezwiebeln, junge	Meerrettich
Rhabarber	Gurken, Garten-	Pastinaken
Rote Bete, junge	Karotten	Petersilienwurzeln
Sellerie, junger	Kohlrabi	Romanesco
Spargel, grüner und weißer	Lauchzwiebeln	Rosenkohl
Spitzkraut	Mais	Rote Bete
Spitzmorcheln	Mangold	Sellerie
Teltower Rübchen, junge	Paprika	Schwarzwurzeln
	Rote Bete	Spinat, grober Winter-
	Romana-Salat	Steckrüben
	Sellerie	Teltower Rübchen, große
	Spinat, junger	Waldpilze
	Tomaten	Weißkraut
	Zucchini	Wirsing

Das steckt im Gemüse

Die wichtigsten Inhaltsstoffe und ihre Wirkung

Allicin hemmt die Blutgerinnung und wirkt antibakteriell, es ist in Zwiebelgewächsen wie Schnittlauch, Knoblauch, Zwiebeln und Lauch vorhanden .

Ascorbinsäure Als Vitamin C bekannt, ist reichlich in Paprika und Zitrusfrüchten vorhanden. Vitamin C stärkt die Immunabwehr, verhindert Zellschädigungen und wirkt antioxidativ.

Carotinoide Vor allem in Karotten, aber auch in Spinat und Grünkohl. Es gibt unzählige Carotinarten, wobei das Beta-Carotin, eine Vorstufe des Vitamin A, das Bekannteste ist. Vitamin A ist sehr wichtig für das Wachstum, gesunde Haut, Augen, Schleimhäute und Zahnfleisch.

Phenolsäuren sind fast im gesamten Pflanzenbereich vorhanden, besonders allerdings in Weiß- und Grünkohl sowie in Radieschen. Sie wirken antimikrobiell und gelten als krebsvorbeugend.

Vitamin E ist für den Zellschutz verantwortlich und schützt die roten Blutkörperchen. Gute Vitamin-E-Versorger sind Grünkohl, Erbsen und Schwarzwurzeln.

Vitamin K ist für die Blutgerinnung zuständig. Tomaten, verschiedene Kohlsorten und alle grünen Gemüsearten sind Vitamin-K-Lieferanten.

Folsäure ist sehr wichtig für die Zellteilung und -neubildung, insbesondere der roten und weißen Blutzellen. Folsäure verhindert gewisse Formen der Anämie. Spinat, Tomaten, Weißkohl und Grünkohl sind zu empfehlen.

Rezept-Register

Grundrezepte

Thomas Thielemann, Jahrgang 1964, besuchte die Steigenberger Hotelfachschule in Bad Reichenhall und absolvierte eine Kochlehre in Frankfurt im Frankfurter Hof. Er kochte in Hotels in Osaka und Tokio, arbeitete als Sous-Chef bei Karl Ederer im Münchner „Glockenbach" und als Küchenchef in Horbruch in der „Historischen Schlossmühle".

1993 machte sich Thomas Thielemann schließlich mit dem „Wirtshaus zum Herrmannsdorfer Schweinsbräu" in Glonn selbstständig. Hier kann er seinen lang gehegten Wunsch verwirklichen, seinen Gästen eine saisonal geprägte und die Vorzüge der Region widerspiegelnde Küche mit Produkten höchster Qualität aus ökologischem Anbau anzubieten.

© 2008 Seehamer Verlag GmbH, Weyarn
Alle Rechte vorbehalten
Rezepte: Thomas Thielemann, Wirtshaus zum Herrmannsdorfer Schweinsbräu, Glonn
Konzeption, Redaktion, Gestaltung und Satz: Bine Cordes, Weyarn
Lektorat: Katrin Wittmann, w & w, Füssen
Fotos: Titelbild sowie alle weiteren Rezeptfotos Eising FoodPhotography/Martina Görlach, München; alle übrigen Fotos Seehamer Verlag
Foodstyling: Eising FoodPhotography/Michael Koch, München
Lithographie: MMintec, Miesbach
Druck und Bindung: L.E.G.O., Vicenza, Italia
ISBN 978-3-940851-02-4

Thomas Thielemann

Weitere Rezepte aus meiner Bio-Küche finden Sie in diesen beiden Büchern:

Jeder Band 80 Seiten, mit zahlreichen Abbildungen.

Fleisch: ISBN 978-3-940851-00-0
Geflügel: ISBN 978-3-940851-01-7